Rüdiger Horn

Kreuzworträtsel Geschichte

Von der Frühzeit des Menschen bis zum Ende des Römischen Reiches

Bildquellen

S. 5 weimar GmbH/Maik Schuck (Goethe-Schiller-Denkmal)
S. 6 Stadt Halle, Westfalen (Archivar)
S. 7 LWL – Archäologie für Westfalen, Außenstelle Olpe, Hermann Menne (Grabung)
S. 8 Andreas Trepte, Marburg (Feuerstein)
S. 9 Rüdiger Horn, Olpe (Großsteingrab)
S. 10 Karin Langner-Bahmann, Mainz (Schiff von Uluburun)
S. 11 Schmiedewerkstätte Markus Balbach (Rennofen/Verhüttung)
S. 12 Polizeiinspektion Rotenburg/Kaldinski (Polizeibeamte)
S. 21 www.ecb.eu (2-Euro-Münze)
S. 25 Vienna City Marathon/Victah Sailer (Marathonläufer)
S. 26 Europäisches Parlament (Sitzungssaal)
S. 29 www.art-of-pan.de (Panflötenspiel)
S. 33 Rüdiger Horn, Olpe (Hausaufgaben)
S. 42 Heimatverein VETONIANA Pfünz (Meilenstein)
S. 43 VARUSSCHLACHT im Osnabrücker Land GmbH – Museum und Park Kalkriese (Münzfund)

Impressum

Gedruckt auf umweltbewusst gefertigtem, chlorfrei gebleichtem
und alterungsbeständigem Papier.

1. Auflage 2008
Nach den seit 2006 amtlich gültigen Regelungen der Rechtschreibung

ISBN 978-3-87101-306-5 www.brigg-paedagogik.de

Inhalt

Seite

Einige Hinweise vorweg 4

Begriffe, die uns im Geschichtsunterricht begegnen 5
Quellen gesucht (1) 6
Quellen gesucht (2) 7
Von den ersten Spuren der Menschheit bis zur Altsteinzeit 8
Eine große Veränderung: Menschen werden sesshaft 9
Bronze und Eisen lösen die Steine ab (1) 10
Bronze und Eisen lösen die Steine ab (2) 11
Eine Hochkultur im Zweistromland 12
„Ein Geschenk des Nils" 13
Ägypten, eine Hochkultur 14
Götter und Totenkult 15
Pharaonen gesucht 16
Götter gesucht 17
Vom Alltag im alten Ägypten 18
Ägypten, damals und heute 19
Wörter aus dem Altgriechischen (1) 20
Wörter aus dem Altgriechischen (2) 21
Städte und Landschaften im antiken Griechenland 22
Wichtige Personen aus dem antiken Griechenland 23
Die griechische Götterwelt 24
Olympische Spiele 25
Polis und Politik 26
Griechenland im Krieg mit den Persern 27
Vom Leben und Arbeiten im antiken Griechenland 28
Wissenschaft und Kunst 29
Krieg unter den Griechen 30
Alexander der Große und der Hellenismus 31
Latein-Deutsch für Anfänger 32
Latein-Deutsch für Fortgeschrittene 33
Die Gründung Roms 34
Die Römische Republik 35
Die Punischen Kriege 36
Aus dem römischen Alltag 37
Gaius Iulius Caesar 38
Augustus und das Kaiserreich 39
Ave Caesar! 40
Caesaren gesucht 41
Aus den Provinzen 42
Die Römer in Germanien 43
Das Ende des Römischen Reiches 44

Lösungsteil 45

Einige Hinweise vorweg

Diese Sammlung von Kreuzworträtseln können Sie unabhängig vom Schulbuch einsetzen. Jedes Rätsel beinhaltet wichtige Begriffe zu einem der „klassischen“ Themen wie „Jungsteinzeit“, „Alltag in Ägypten“ oder „In den römischen Provinzen“. Somit eignen sich die Rätsel hervorragend zur Lernzielkontrolle, Wiederholung und Festigung. Durch die Fragestellungen, Begriffsdefinitionen und Hinweise zu den Lösungswörtern fördern sie auch das Erkennen von Zusammenhängen. Und natürlich eignen sich die Rätsel hervorragend für Vertretungsstunden!

Auch ein differenzierter Einsatz ist möglich. Sind die Rätsel für einige Schülerinnen und Schüler zu schwer, können einzelne Buchstaben oder Wortteile zur Hilfestellung eingefügt werden. Noch mehr Unterstützung erhalten Ihre Schülerinnen und Schüler, wenn Sie Ihnen die Silben, die zu einem Rätsel gehören, zur Verfügung stellen. Sie finden die Silben im Lösungsteil dieses Bandes. Abhängig von der Lerngruppe und den erprobten Arbeitsweisen kann es sinnvoll sein, ein Schulbuch (oder mehrere verschiedene), ein Nachschlagewerk oder Geschichtskarten für die Schülerinnen und Schüler bereitzuhalten.

Mit den gelösten Rätseln ist eine Selbstkontrolle möglich. Die Lösungen ermöglichen aber auch eine anspruchsvollere Rätsel- bzw. Spielvariante: Lassen Sie doch einmal – vielleicht in Gruppenarbeit – zu einem gelösten Rätsel die passenden Fragen und Erklärungen formulieren! Dies erfordert eine möglichst genaue Definition der Begriffe, fördert eine angemessene Versprachlichung und wiederum das Denken in Zusammenhängen. Zur Kontrolle kann eine andere Gruppe dann versuchen, dieses Rätsel mit den neuen Erklärungen zu lösen.

In jedem Rätsel wird ein Lösungswort gesucht. Dies ist eine weitere Kontrollmöglichkeit, manchmal aber auch eine zusätzliche Hilfestellung beim Knobeln. Darüber hinaus lässt sich das Thema hier leicht erweitern, etwa indem überlegt wird, mit welcher Technik Großsteingräber errichtet werden konnten. Mitunter kann mit den Lösungswörtern sogar eine Brücke zwischen den historisch relevanten Inhalten und der Lebenssituation der Schülerinnen und Schüler geschlagen werden: „Wo gibt es bei uns ein Denkmal. An was soll es erinnern?“ Oder beim Beispiel Fernhandel: „Auf der Insel Usedom gibt es bedeutende Bernsteinvorkommen. Suche eine mögliche Reiseroute von deinem Heimatort aus!“

Zum Schluss noch zwei technische Hinweise. Wenn ein gesuchter Begriff in der Mehrzahl steht, wird in der Frage durch ein (Mz.) darauf hingewiesen. Die Schreibung der Umlaute (AE, OE, UE) und des ß (SS) in einem Kreuzworträtsel muss den Schülerinnen und Schülern – wenn noch nicht bekannt – erklärt werden.

Doch nun wünsche ich Ihnen und Ihren Schülerinnen und Schülern viel Erfolg und Spaß beim Knobeln

Rüdiger Horn

Begriffe, die uns im Geschichtsunterricht begegnen

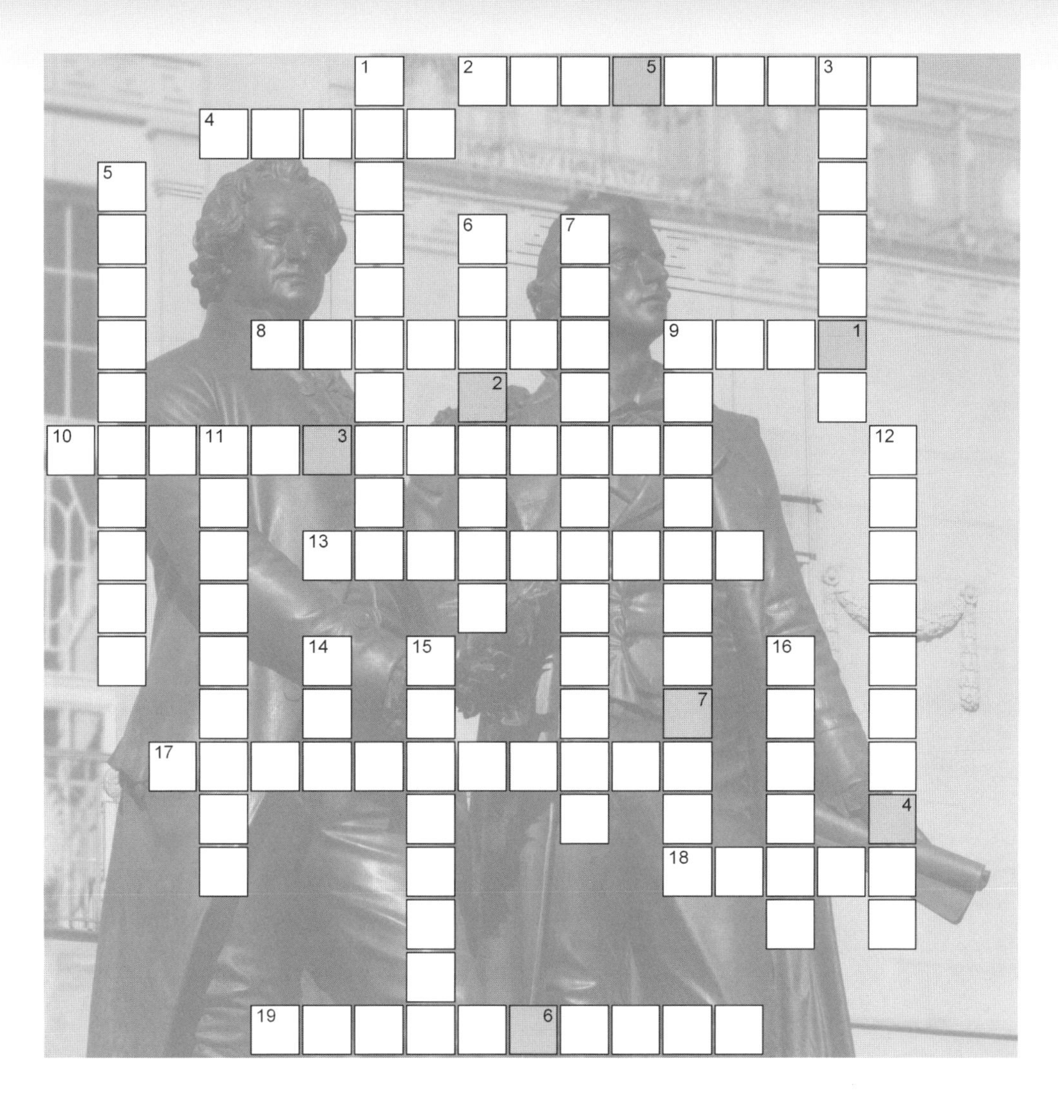

Waagerecht

2 Eine Abbildung, die möglichst viele Vorfahren einer Person oder Familie enthält
4 Ein anderes Wort für Vorfahren (Mz.)
8 Spuren der Vergangenheit (Mz.)
9 Ein Himmelskörper, der zur Zeiteinteilung herangezogen werden kann
10 Der Tag deiner Einschulung liegt in der …
13 Eine Befragung; ein Fragesteller versucht, von einer Person Informationen zu bekommen.
17 Ein Zeitabschnitt
18 Ein verfallenes Gebäude
19 Menschen ungefähr gleicher Altersstufe gehören zu einer …

Senkrecht

1 Menschen, die aus eigener Erfahrung über geschichtliche Ereignisse berichten können (Mz.)
3 Eine schriftliche Quelle
5 Mit ihr kannst du zurückliegende Ereignisse zeitlich einordnen.
6 Er teilt die Zeit in Jahre, Monate, Wochen und Tage ein.
7 Etwas haltbar machen
9 Eine Geschichtsepoche
11 Jetzt lebst du in der …
12 Anderes Wort für Geschichtsforscher
14 Ein Zeitmesser
15 Sie gehören zu den nichtschriftlichen Quellen. Sie sind fest mit dem Untergrund verbunden und können mehrere Tausend Jahre alt sein. (Mz.)
16 Eine geordnete Sammlung von Dokumenten, Urkunden oder Gegenständen

Bei dem Lösungswort handelt es sich um eine nichtschriftliche Quelle; es könnte auch eine Aufforderung sein, die grauen Zellen einzuschalten.

1	2	3	4	5	6	7

Quellen gesucht (1)

Archäologen und Historiker müssen geduldig sein und sehr genau arbeiten. In dem Buchstabenwirrwarr unten verbergen sich zwölf Quellen. Wer alle entdecken will, muss auch schon mal von unten nach oben, von rechts nach links oder schräg lesen.

Quellen gesucht (2)

Archäologen und Historiker müssen geduldig sein und sehr genau arbeiten. In dem Buchstabenwirrwarr unten verbergen sich zwölf Quellen. Wer alle entdecken will, muss auch schon mal von unten nach oben, von rechts nach links oder schräg lesen.

Von den ersten Spuren der Menschheit bis zur Altsteinzeit

Waagerecht

7 Knochengerüst

8 In dieser Zeit war es viel kälter als heute und große Teile der Erde waren von Gletschern bedeckt.

10 Eine Hirschart, die vor allem in kalten Regionen vorkommt; auch die Weibchen tragen ein Geweih.

12 Ein weltbekannter Skelettfund: Diese Frau gehörte zu den Vormenschen und starb vor ca. 3,2 Millionen Jahren.

13 Das Fangen und Erlegen von Wildtieren

15 Ein unterirdischer Hohlraum, der manchmal als Wohnung genutzt werden kann

16 Fachbegriff für Versteinerungen (Mz.)

17 Ein stark behaartes Rüsseltier

19 Aus diesem Material wurden in der Altsteinzeit Angelhaken, Nadeln und Harpunenspitzen hergestellt.

20 Kunstwerke, die uns von den Menschen der Altsteinzeit überliefert wurden (Mz.)

Senkrecht

1 Eine Jagdwaffe

2 Dieses Material wird aus den Stoßzähnen von Mammuts und Elefanten gewonnen.

3 Diese Behausungen können transportiert werden, sie bestehen aus einem Gerüst und Tierhäuten. (Mz.)

4 Hilfsmittel, die man benutzt, um Arbeiten zu verrichten oder zu erleichtern (Mz.)

5 Das wohl wichtigste Werkzeug der Menschen in der Altsteinzeit

6 Diese Region war vermutlich die Wiege der Menschheit.

9 Wissenschaftler, die bei Ausgrabungen nach Bodenfunden suchen (Mz.)

11 Ein Frühmensch, der vor etwa 30- bis 35.000 Jahren gelebt hat

14 Eine sehr dicke Eismasse

18 Es gibt Licht, Wärme und Schutz

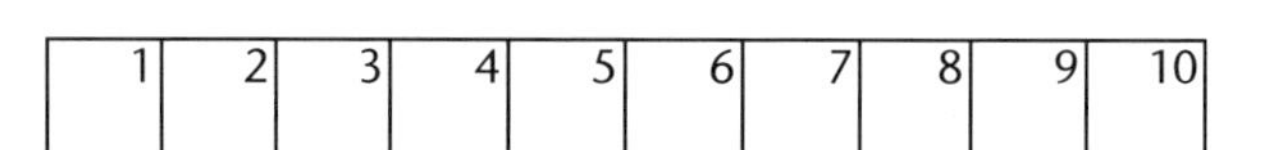

1	2	3	4	5	6	7	8	9	10

Dieses Gestein hat ein glasiges Aussehen. Es war für die Herstellung von Werkzeugen und Waffen wichtig. Aber auch als „Feuerzeug" hat es in der Steinzeit gedient. Wenn man es zusammenschlägt, können Funken entstehen.

Eine große Veränderung: Menschen werden sesshaft

Die Menschen der Jungsteinzeit haben uns mächtige Zeugen ihres Könnens hinterlassen. Was ist hier zu sehen?

1	2	3	4	5	6	7	8	9	10	11	12	13	14

Waagerecht

2 Ein Boot, das aus einem Baum geschnitzt wird
6 Das Ausbringen von Pflanzensamen, damit man später die Früchte ernten kann
7 Mit diesem Gerät werden Textilien hergestellt.
8 Gräser, die landwirtschaftlich angebaut werden; die verschiedenen Sorten sind bis heute die Nahrungsgrundlage der meisten Menschen.
9 Eine Gruppe von Menschen
10 Diese Tiere werden von Menschen gehalten und gezüchtet, weil sie ihnen nützen; meist leben sie mit den Menschen unter einem Dach. (Mz.)
12 Ein Werkzeug zum Schneiden von Gras und Getreide
13 Die Veränderungen in dieser Epoche waren so gewaltig, dass die Historiker auch diesen Begriff benutzen: neolithische …
15 Ein Nutztier, das schon sehr früh von den Menschen gehalten wurde; es liefert Milch, Fleisch, Häute und Wolle.
16 Die Produktion von Pflanzen auf einem bearbeiteten Boden

Senkrecht

1 Name der Epoche, in der die Menschen sesshaft wurden
2 Das Einbringen von angebauten Pflanzen und Früchten
3 Eine Gefahr für sesshafte Menschen; sie droht, wenn die angebauten Pflanzen von Schädlingen befallen werden oder das Wetter zu trocken, kalt oder nass ist.
4 Gefäße aus Ton herstellen
5 Waren werden angeboten und gegen andere Waren getauscht; oft müssen sie dazu transportiert werden.
8 Eine Getreideart
9 Hier finden die Menschen ein Dach über dem Kopf.
10 Gerät zum Auflockern des Bodens; Nachfolger des Grabstocks
11 Wahrscheinlich sind sie die ältesten Haustiere der Menschen; sie stammen vom Wolf ab. (Mz.)
14 Dieser Mann lebte am Ende der Jungsteinzeit. Er wurde als Gletschermumie gefunden.

Bronze und Eisen lösen die Steine ab (1)

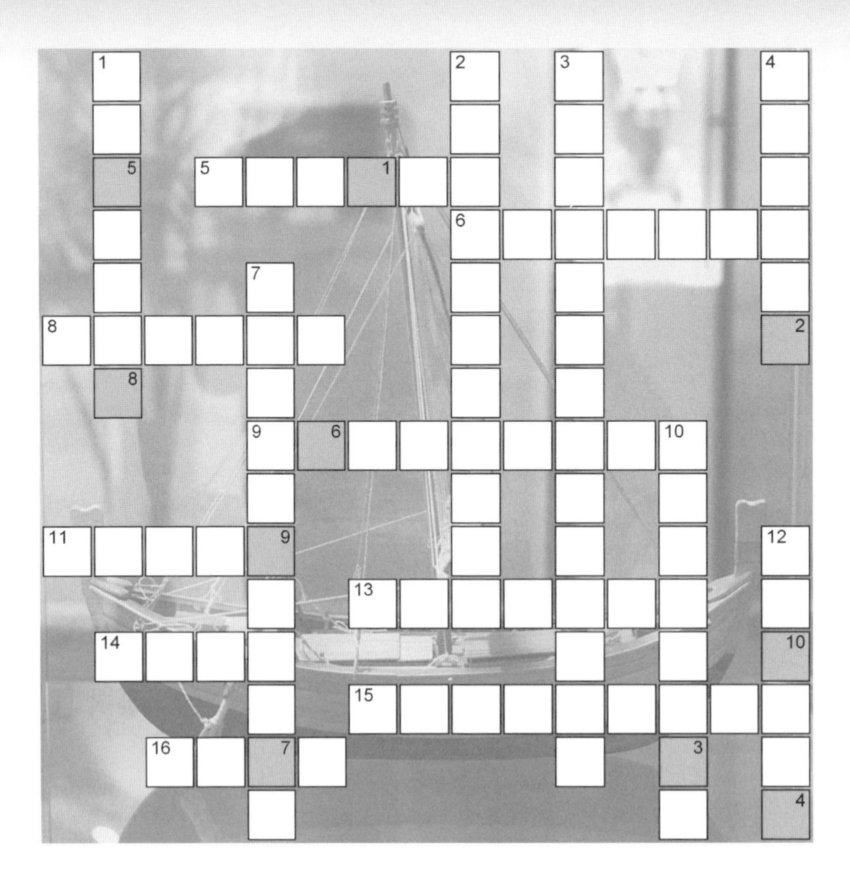

Waagerecht

5 Ein Metall, das die Menschen schon sehr früh nutzen konnten; es ist ziemlich weich.

6 Die Lyder, ein Volk, das im Westen der heutigen Türkei lebte, sollen etwas erfunden haben, das für den Handel sehr wichtig wurde. (Mz.)

8 Ein geordneter Holzstapel, der mit Erde luftdicht abgedeckt wird; nach dem Zünden entsteht hierin Holzkohle

9 Ein Schmuckstück

11 Ein schlackehaltiger Roheisenklumpen, der im Rennofen entsteht

13 Sie sind das Ausgangsmaterial für viele Werkzeuge, Waffen und Schmuckstücke. Meistens kommen sie nicht in reiner Form vor, sondern sind Bestandteil von Gesteinen. (Mz.)

14 Anderes Wort für „Schatz", „Vorrat", aber auch „sicherer Ort"

15 Diese Epoche löste die Bronzezeit ab.

16 Ein sehr weiches, silberweißes, glänzendes Metall; wird für die Herstellung von Bronze benötigt

Senkrecht

1 Berufsbezeichnung für einen Menschen, der Metalle bearbeitet

2 Eine Eigenschaft der Bronze, die sie für Werkzeuge und Waffen geeignet macht

3 Die Menschen spezialisieren sich auf bestimmte Tätigkeiten (Erz gewinnen, Erz verhütten, Metall schmieden ...); verschiedene Berufe bilden sich heraus.

4 Dieses Metall kommt in der Natur nicht vor. Es ist eine Mischung aus Kupfer und Zinn.

7 Das Erhitzen von Erzen, um die darin enthaltenen Metalle ausschmelzen zu können

10 Eisenhaltiges Gestein

12 Eine Gruppe von Stämmen in Mittel- und Westeuropa; berühmt für ihre reich ausgestatteten Fürstengräber (Mz.)

1	2	3	4	5	6	7	8	9	10

Das in der Türkei entdeckte „Schiff von Uluburun" – hier ein Modell – ist in der späten Bronzezeit gesunken. An Bord fand man u. a. Glas aus Ägypten, Kupfer von Zypern, Bernstein von der Ostsee und Olivenöl vom Toten Meer.

Bronze und Eisen lösen die Steine ab (2)

Waagerecht

1 Schon Ötzi hatte dieses Werkzeug bei sich; wegen seiner besonderen Klinge muss es sehr wertvoll gewesen sein.
3 Um Metall besser stapeln und transportieren zu können, wird es in diese Form gebracht; auch als Tauschobjekt geeignet.
4 Ein für den Körper wichtiges Gewürz, das man auch zur Konservierung von Lebensmitteln benötigt
10 Eine Mischung aus Metallen; ihre Eigenschaften sind besser als die der Ausgangsstoffe
12 Eine Eigenschaft der Bronze, die sie für Werkzeuge und Waffen geeignet macht
13 Ein Schmuckstück
15 Diese Epoche löste die Steinzeit ab.

Senkrecht

2 Eine Gewandspange; mit ihr werden Kleidungsstücke zusammengehalten.
4 Dieser Rückstand entsteht bei der Erzeugung von Roheisen.
5 Ein Brennstoff, der für die Verhüttung gebraucht wurde
6 Berufsbezeichnung für einen Menschen, der Holzkohle herstellt
7 Sie erleichtern den Transport von Waren. (Mz.)
8 Dieses Metall gab einer Epoche den Namen. Es ist besser zu bearbeiten als Stein; die Werkzeuge und Waffen, die hieraus gefertigt wurden, waren dennoch hart und haltbar.
9 Ein rötliches Metall, das direkt verarbeitet oder zur Herstellung von Bronze verwendet wird
11 Dieses seltene Metall ist sehr gut formbar und rostet nicht; manchmal sind in Flüssen kleine Körner zu finden.
14 Metallhaltige Gesteine (Mz.)

1	2	3	4	5	6	7	8

Hier wurde eine Vorrichtung nachgebaut, mit der sich Roheisen gewinnen lässt. Diese Technik ist schätzungsweise 2500 Jahre alt.

Eine Hochkultur im Zweistromland

Waagerecht

1 Größere Siedlungen mit eigener Verwaltung und Versorgung, Straßen, Befestigungen ... (Mz.)
4 Ein anderes Wort für das Zweistromland; heute befinden sich hier die Länder Syrien und Irak sowie Anatolien, das zur Türkei gehört.
5 Schrift der Sumerer und Babylonier
6 Sehr alte Stadt am Euphrat; ein Reich wurde nach ihr benannt und ihr Tempelturm wird in der Bibel erwähnt.
7 Anderes Wort für Gesetzessammlung
11 Sie dient dem Schutz einer Stadt.
13 Auf ihnen wurde geschrieben (Mz.)
14 Sie regeln durch Verbote und Gebote das Zusammenleben von Menschen in einem Staat. (Mz.)

Senkrecht

1 Ein sehr angesehener Beruf in Mesopotamien
2 Der längste Strom Vorderasiens entspringt im Osten der Türkei und mündet nach ca. 2700 km als Schatt al-Arab in den Persischen Golf.
3 Der Mittelpunkt einer mesopotamischen Stadt
6 Die Versorgung der Felder mit Wasser, wenn der Regen nicht ausreicht
7 Durch sie erfolgte der Austausch von Handelswaren zwischen den Stadtstaaten; den Transport übernehmen z. T. bis heute Kamele und Esel. (Mz.)
8 Alles, was Menschen tun, oder typisch für eine Gemeinschaft von Menschen ist, z. B. die Art, wie sie sich schmücken, wie sie Gräber anlegen oder Häuser errichten, aber auch ihre Sprache, Schrift usw.
9 Der Euphrat ist sein Nachbarfluss.
10 Ein bedeutender König (um 1700 v. Chr.), der auch wegen seiner Gesetzessammlung berühmt ist
12 Sie schützen vor Überschwemmungen. (Mz.)

Um den Stadtstaat verwalten und die Einhaltung der Gesetze sicherstellen zu können, benötigte der König ...

1	2	3	4	5	6

„Ein Geschenk des Nils"

Waagerecht

2 Der oberste Beamte; wichtigste Person nach dem Pharao
4 Strom in Afrika
8 Ein Insekt, das massenhaft auftreten und dann ganze Landstriche kahl fressen kann
9 Dieses Schreibmaterial wird aus einer Pflanze hergestellt.
10 Ägyptischer Sonnengott
11 Eine Stelle in der Wüste, an der Wasser vorkommt und Pflanzen wachsen können
13 Die größte Trockenwüste der Erde grenzt in ihrem Osten an den Nil.
16 Bauwerke, mit denen Wasser zurückgehalten werden kann (Mz.)
17 Durch sie wird Wasser geleitet. (Mz.)
19 Wenn nach einer Überschwemmung die alten Grenzen nicht mehr zu erkennen waren, mussten sie die Flächen neu einteilen. (Mz.)
20 Eins der beiden ägyptischen Reiche, die zum „Alten Reich" zusammengeschlossen wurden

Senkrecht

1 Sie droht, wenn zu wenig geerntet werden kann oder die Ernte sogar ganz ausbleibt.
3 Abgaben an den Staat (Mz.)
5 Nach einer Überschwemmung blieb er auf den Feldern liegen.
6 Großes Säugetier; frisst Pflanzen, lebt im und am Wasser
7 Zum Beispiel, wenn ein Fluss über die Ufer tritt; Zerstörungen können die Folge sein.
9 So wird der ägyptische König genannt.
12 Eigentlich ist es ein Hirtenstab, doch es wurde auch ein Zeichen des Pharaos.
14 Er sorgt für ein besseres Pflanzenwachstum und bessere Ernten.
15 Besondere Form einer Flussmündung; Nil- …
18 Sie dienten dem Pharao, mussten Steuern einziehen, Vorräte verteilen, Arbeiten überwachen und vieles mehr. (Mz.)

Mit einem solchen Bewässerungsgerät wurde das Wasser aus dem Nil geschöpft, um es dann in Wasserbecken oder Kanäle zu gießen.

1	2	3	4	5	6	7

Ägypten, eine Hochkultur

Waagerecht

3 Ein Wissenschaftler, der sich mit dem alten Ägypten beschäftigt
5 Schriftzeichen im alten Ägypten (Mz.)
8 Eine Reihenfolge von Buchstaben
9 Alles, was Menschen tun, oder typisch für eine Gemeinschaft von Menschen ist, z. B. ihre Sprache, Religion, Kunst und Wissenschaft.
10 Eine schwarze oder rote Flüssigkeit, die zum Schreiben verwendet werden kann.
13 Mit ihnen können Mengen dargestellt werden. (Mz.)
14 Ein anderes Wort für Selbstlaute; sie fehlen bei der Hieroglyphenschrift häufig. (Mz.)
15 Eine Wissenschaft, die sich mit der Beobachtung von Sternen beschäftigt
16 Ein Künstler, der z. B. Statuen herstellt
17 Nach einer Überschwemmung mussten sie die Felder neu einteilen. (Mz.)

Senkrecht

1 Mit ihm wird der Jahreslauf eingeteilt.
2 Geschriebene Zeichen, mit denen man sich anderen mitteilen kann
4 Sie ist ein Teil der Mathematik und beschäftigt sich z. B. mit dem Messen von Flächen und Längen.
6 Diese Pflanze lieferte den Grundstoff für ein Schreibmaterial.
7 Hier lernt man das Lesen und Schreiben.
10 Tafeln oder Scherben, in die Schriftzeichen eingeritzt werden können, bestehen häufig aus ...
11 Im alten Ägypten war dies ein sehr anerkannter Beruf.
12 Sie stellen z. B. das Leben der Menschen dar und können als Quellen genutzt werden. (Mz.)

Manche Namen wurden im alten Ägypten von einer ovalen Schleife umgeben. Das ist ein Deutzeichen, das zeigen sollte: Dies ist der Name eines Königs oder einer Königin! Das Lösungswort ist der Fachbegriff für dieses Deutzeichen.

1	2	3	4	5	6	7	8	9

Götter und Totenkult

Waagerecht

2 Nicht jedem Pharao wurde eine Pyramide errichtet. Die Herrscher des „Neuen Reiches" wie Ramses II. oder Tutanchamun hatten reich ausgestattete ... (Mz.)
8 Der Pharao trägt sie auf dem Kopf; sie wird in Drohstellung abgebildet, weil sie die Feinde des Königs abwehren soll.
11 Diese Stadt liegt ganz in der Nähe von Kairo und wurde wegen ihrer Pyramiden und der Sphinx weltberühmt.
12 Wohnsitz eines Gottes oder einer Göttin
14 Die Pyramide dieses Pharaos ist die größte in Ägypten und zählt zu den sieben Weltwundern.
17 Der Diener eines Gottes im Tempel
19 Außer dem Krummstab hält der Pharao ein weiteres Herrschaftszeichen in der Hand (auch Wedel genannt).

Senkrecht

1 Bevor sie das ewige Leben erlangen konnten, mussten sich die Verstorbenen hier einer Prüfung unterziehen.
3 Der Glaube an göttliche Mächte
4 Bauwerke mit viereckigem Grundriss, vier dreieckigen Seiten und einer Spitze (Mz.)
5 Das Jenseits; Land der Ewigkeit, in dem Glück und Frieden herrschen.
6 Ein Bestattungsort für einen oder mehrere Tote
7 Die kostbaren Grabbeigaben waren eine begehrte Beute für ... (Mz.)
9 Diese riesige Statue in Giseh stellt einen liegenden Löwen mit Menschenkopf dar; ihre Nase fehlt.
10 Kleine Gegenstände, die Glück bringen und Schaden abwenden sollen; oft als Schmuck (Mz.)
13 Dieser Gott ist der Herrscher des Totenreiches; er wird wie eine Mumie umwickelt dargestellt.
15 Er war König und Gott in einer Person.
16 Eine Leiche, die durch Austrocknung und Einbalsamierung für die Ewigkeit bewahrt werden soll
18 In ihm wird ein toter Körper transportiert und bestattet.

Die Ägypter stellten ihre Götter nicht nur in Menschengestalt dar, manche konnten auch Tiergestalt haben. Manchmal konnten sich die Gestalten auch mischen. Der Gott, den das Lösungswort ergibt, hatte zum Beispiel den Kopf eines Schakals. Er war für den Schutz der Toten zuständig.

1	2	3	4	5	6

Pharaonen gesucht

Ägyptologen aufgepasst! Hier verbergen sich die Namen von zehn Pharaonen (von links nach rechts und von oben nach unten). Auch der Pharao, dessen weltberühmte Totenmaske oben zu sehen ist, befindet sich darunter.

Götter gesucht

Ägyptologen aufgepasst! Hier verbergen sich die Namen von zehn ägyptischen Göttinnen und Göttern (von links nach rechts und von oben nach unten). Darunter befindet sich auch die Göttin der Fruchtbarkeit und der Liebe. Sie wird als Katze oder als Frau mit Katzen- oder Löwenkopf dargestellt.

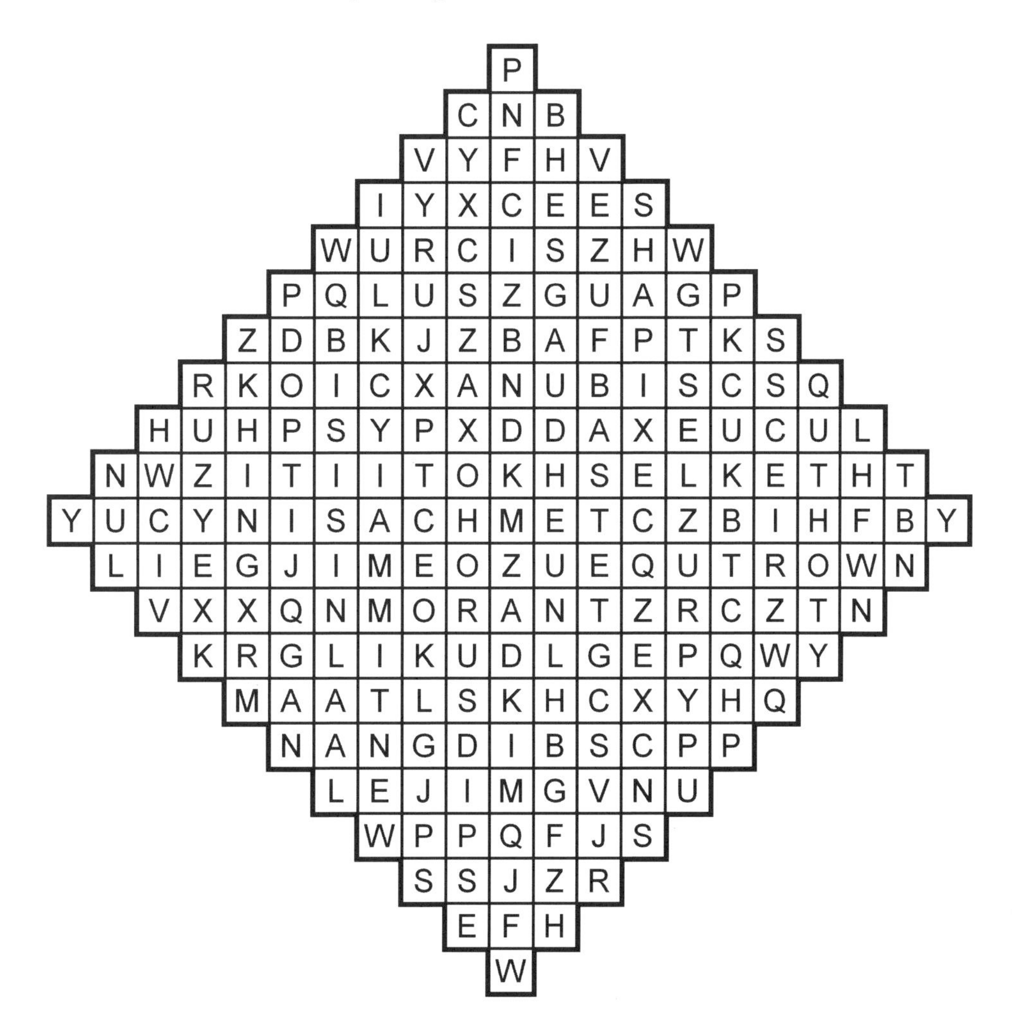

Vom Alltag im alten Ägypten

Waagerecht

1 Dieses alkoholische Getränk gab es eher bei den Reichen.
2 Ein Baustoff
6 Sie war typisch für die Frisur der Kinder.
7 In reichen Familien erledigten sie die Hausarbeit. (Mz.)
9 Ein Traum vieler Ägypter, den sich aber nur Wohlhabende leisten konnten; mit Schatten spendenden Bäumen, Lotusblumen, Wasserbecken ...
10 Im alten Ägypten ein häufig vorkommendes Musikinstrument
11 Süß schmeckende Früchte einer Palme (Mz.)
13 Viele Ausgrabungen brachten Kosmetiktöpfchen und Schalen zutage; das zeigt, dass Frauen und Männer ... getragen haben.
14 Mit diesem Nahrungsmittel wurde auch die Arbeit bezahlt.
15 Diese Tiere wurden verehrt und hier erstmals als Haustiere gehalten; sie sollten Schlangen und Nagetiere jagen. (Mz.)
16 Das Herstellen von Stoffen

Spiel und Spaß waren natürlich auch im alten Ägypten bekannt. Manches erinnert an Spiele, die wir heute noch kennen, wie zum Beispiel das ...

1	2	3	4	5	6	7	8	9	10	11	12

Senkrecht

1 Seinem kräftigen Duft begegnet man noch heute in den Kirchen; im alten Ägypten wurde er bei der Mumifizierung verwendet, reiche Leute werden ihn auch als Räucher- und Heilmittel zu Hause gebraucht haben.
3 Im alten Ägypten arbeitete der größte Teil der Bevölkerung in der ...
4 Puppen, Bälle, Kreisel, hölzerne Pferdchen, – auch ... kannten die Kinder bereits.
5 Gut frisierte Haare waren den Ägyptern wichtig; gerne trugen Männer und Frauen aber auch . (Mz.)
8 Bei den Erwachsenen waren sie ein beliebter Zeitvertreib; bei manchen wurde ähnlich wie be „Dame" gezogen, bei anderen mit Stäbchen oder kleinen Knochen gewürfelt. (Mz.)
9 Dieser Handwerker stellt Schmuck her.
10 Ein Lebensmittel, das aus dem Nektar von Blüten gewonnen wird; es kann auch zum Süßen verwendet werden.
12 Frisch aus dem Nil; dieses Nahrungsmittel kam gekocht oder gebraten auf den Tisch.
14 Dieses Getränk war im alten Ägypten sehr verbreitet.

Ägypten, damals und heute

Waagerecht

2 Im alten Ägypten ereigneten sie sich jährlich und machten das Land fruchtbar. (Mz.)
4 Halbinsel im Osten Ägyptens
8 Diese Sprache wird heute in Ägypten gesprochen.
9 Gebiete, in denen es wegen starker Trockenheit oder Kälte keine Pflanzen gibt (Mz.)
11 Nachbarstaat im Westen Ägyptens
16 Der Nil war nicht nur wegen der Bewässerung und des Schlamms so bedeutend; er war auch ein wichtiger ...
18 Eine Reptilienart, die über weite Teile Afrikas verbreitet ist; sie lebt im und am Wasser und kann bis zu 5 m lang werden.
19 Die wichtigste Religion im heutigen Ägypten
20 Wissenschaftler, die frühere Zeiträume erforschen und z. B. mithilfe von Ausgrabungen nach Überresten wie Knochen, Scherben und Münzen suchen (Mz.)

Senkrecht

1 Heute kann der Nil nicht mehr frei fließen, das Hochwasser bleibt aus. Wer hält ihn auf?
3 Ein Ort, an dem man z. B. Zeugnisse der Geschichte besichtigen kann
5 Nach der Vereinigung von Ober- und Unterägypten trugen die Pharaonen eine ...
6 Aus dem Schlamm des Nils können auch diese Baustoffe gewonnen werden. (Mz.)
7 Diese Stadt war lange Zeit die Hauptstadt Altägyptens; deshalb gibt es hier zahlreiche bedeutende Tempel und Königsgräber (Tal der Könige).
10 Diese Pyramiden sehen von Ferne aus wie riesige Treppen; es gibt sie auch in Mittelamerika. (Mz.)
12 Diese Schifffahrtsstraße verbindet heute das Mittelmeer mit dem Roten Meer.
13 Wichtige Oasenpflanze, die auf vielerlei Art genutzt wird
14 In dieses Meer mündet der Nil.
15 Er entdeckte im Jahr 1922 die Grabkammer des Tutanchamun (Howard ...).
17 Die Hauptstadt des heutigen Ägyptens

Der Name eines solchen Steinpfeilers erinnert an einen gallischen Hinkelsteinlieferanten. Solche Pfeiler wurden aber im alten Ägypten errichtet, um die Strahlen des Sonnengottes darzustellen. Dieser hier entstand im Auftrag der Pharaonin Hatschepsut und kann heute in Karnak in der Nähe von Luxor besichtigt werden. Das Lösungswort gibt an, wie eine solche Säule auch genannt wird.

1	2	3	4	5	6	7

Wörter aus dem Altgriechischen (1)

In unserem Alltag begegnen uns viele Begriffe, die ihren Ursprung in der altgriechischen Sprache haben. Vierzehn solcher Wörter sind in diesem Rätsel versteckt (von links nach rechts und von oben nach unten). Dazu gehört auch ein Fabeltier, das das Orakel von Delphi bewacht hat und dessen Name heute eine Unterfamilie der Schlangen bezeichnet.

Wörter aus dem Altgriechischen (2)

In unserem Alltag begegnen uns viele Begriffe, die ihren Ursprung in der altgriechischen Sprache haben. Vierzehn solcher Wörter sind in diesem Rätsel versteckt (von links nach rechts und von oben nach unten). Dazu gehört auch der Name einer Frau, die von einem Stier entführt wurde. Ein Erdteil wurde nach ihr benannt.

Städte und Landschaften im antiken Griechenland

In den Geschichtskarten begegnen dir viele Namen von Städten und Landschaften, die sich bis heute erhalten haben, andere klingen für uns ungewohnt. Vierzehn Namen sind hier versteckt (von links nach rechts und von oben nach unten). Dazu gehört auch ein Ort, der durch seinen Palast weltberühmt geworden ist und jedes Jahr Tausende Besucher anlockt.

Wichtige Personen aus dem antiken Griechenland

Zwölf Namen verbergen sich in diesem Rätsel (von links nach rechts und von oben nach unten), die mit dem antiken Griechenland zusammenhängen. Es sind keine Sagengestalten, sondern Politiker, Heerführer, Naturwissenschaftler, Philosophen und Dichter. Auch der Staatsmann, dessen Bild oben zu sehen ist, ist darunter.

Die griechische Götterwelt

Die olympischen Götter aßen eine Speise, die ihnen Unsterblichkeit verlieh. Hebe, die Göttin der Jugendblüte, hat ihnen diese Götterspeise oft gereicht.

1	2	3	4	5	6	7	8

Waagerecht

3 Dieser Hund bewacht die Unterwelt; er lässt niemanden wieder hinaus!

4 Der Gott des Waldes und der Natur, Schutzgott der Hirten; Erfinder einer Flöte; mag es gar nicht, wenn seine Mittagsruhe gestört wird, dann kann er Schrecken verbreiten!

6 Gott des Krieges

7 Eine Erzählung über Ereignisse, die nicht wirklich stattgefunden haben; sie kann aber einen wahren Kern haben und wird zunächst mündlich überliefert.

9 Sie ist die Göttin der Klugheit, aber auch eine Kriegsgöttin. Deshalb sieht man sie mit Helm, Lanze und Schild. Außerdem ist sie die Schutzherrin Athens.

11 Gott des Meeres und aller Gewässer; kann Erdbeben und Stürme auslösen

13 Himmelskönigin; Gemahlin des Zeus; schützt die Ehe und die Geburt

15 Sie stammen direkt von Erde und Himmel ab und sind das älteste Göttergeschlecht; in einem Kampf wurden sie von Zeus und den anderen olympischen Göttern besiegt. (Mz.)

17 Er ist sehr vielseitig: Gott der Wege und der Wanderer, der Händler und Hirten, aber auch der Diebe. Er ist der Götterbote und wird mit geflügelten Schuhen und einem geflügelten Helm dargestellt.

18 Das höchste Gebirge Griechenlands und der Palast der Götter

19 Gott der Fruchtbarkeit und des Weines

Senkrecht

1 Mit diesem besonderen Zepter kann Poseidon die Meere aufwühlen.

2 Einem Gott oder einer Göttin etwas Wertvolles (Speisen, Getränke, Teile der Ernte, Tiere ...) überlassen, z. B. um sie milde zu stimmen

3 Der höchste griechische Gott; Vater der Götter und Menschen; hält oft ein Bündel Blitze in der Hand

5 Sie vermitteln zwischen den Menschen und den Göttern, kennen die religiösen Bräuche und sind für das Opfern zuständig. (Mz.)

6 Göttin der Liebe und der Schönheit

8 Der Zwillingsbruder der Jagdgöttin ist der Gott des Lichts und der Künste. Er liebt die Musik, deshalb wird er mit der Leier dargestellt. Er ist auch der Gott der Weissagung, das Orakel von Delphi ist sein Heiligtum.

10 Dieses Tier ist ein Symbol der Weisheit und der Göttin Athene geweiht; auf manchen Münzen ist es abgebildet.

12 Sein Vater ist menschlich, seine Mutter göttlich. Als Halbgott ist er sterblich. Seine Mutter will ihn unverwundbar machen, was ihr an seiner Ferse jedoch nicht gelingt.

13 Die Unterwelt und ihr finsterer Herrscher haben den gleichen Namen.

14 Sie ist die Göttin der Jagd und Zwillingsschwester des Apollon.

16 Hephaistos ist der Gott der Schmiedekunst; seine Werkzeuge sind Hammer und ...

Olympische Spiele

Waagerecht

2 Eine Sportart, die mit dem heutigen Turnen (aber ohne Geräte) verwandt ist und nackt betrieben wurde.
5 Der Zeitraum zwischen zwei Olympischen Spielen
8 Hierdurch soll die Leistungsfähigkeit des Körpers erhöht werden (Kraft, Ausdauer, Geschicklichkeit ...)
10 Teilnehmer und Zuschauer sollten nicht nur während der antiken Spiele sicher sein, auch die An- und Heimreise waren geschützt. Es herrschte der olympische ...
12 Der Ort, an dem die Athleten ihre Übungen nackt ausführten.
13 Sie sorgen für die Einhaltung der Wettkampfregeln. (Mz.)
16 Zu Ehren dieses Gottes fanden die Spiele in Olympia statt.
17 Damit wurde der Gewinner eines Wettkampfes ausgezeichnet.

Senkrecht

1 Bezeichnung für einen Berufssportler
2 Moderne Abgrenzung zwischen Ober- und Unterkörper, die bei den Kampfsportarten beachtet werden soll, um die Athleten vor Verletzungen zu bewahren. Bei den antiken Spielen gab es diese Regel nicht.
3 Eine Wettkampfstätte und ein Längenmaß (ca. 192 m)
4 Ein Laufwettbewerb, der in der vollen Rüstung eines Soldaten ausgetragen wurde
6 Olympischer Wettkampf mit Pferden
7 Anderes Wort für Gelöbnis
9 In dieser Stadt wurden 1896 die ersten Olympischen Spiele der Neuzeit ausgetragen.
10 Kampfsportart, bei der man die Hände mit Lederriemen umwickelte; wird heute abgeschwächt mit Handschuhen ausgetragen
11 Eine Regelwidrigkeit bei Laufwettbewerben; wurde bei den antiken Spielen mit Peitschenhieben bestraft
14 Anderes Wort für Wettkämpfer oder Sportler
15 Waffe und Sportgerät

Das Lösungswort ergibt eine Sportart, die erst mit den modernen Spielen olympisch wurde. Sie geht aber auf eine antike griechische Legende zurück.

1	2	3	4	5	6	7	8	9	10	11	12

Polis und Politik

Waagerecht

1 Menschen ohne Rechte, deren Arbeitskraft ausgebeutet wird und die wie eine Ware verkauft werden können (Mz.)
9 Eine der Bevölkerungsgruppen, die keine politischen Rechte hatten (Mz.)
10 Eine Abstimmung mit Tonscherben in Athen; eine Person konnte so für zehn Jahre in die Verbannung geschickt werden.
13 Geldzahlungen an Ratsherren, damit auch weniger wohlhabende Leute politische Aufgaben übernehmen können (Mz.)
14 Polis auf der Halbinsel Attika
16 Die Festungsanlage einer griechischen Stadt; möglichst oberhalb auf einem Hügel errichtet
18 Diese Polis liegt an der Landenge (Isthmus), die den Peloponnes mit dem griechischen Festland verbindet.
19 Die Ordnung eines Staates, mit der geregelt wird, wie die Macht verteilt wird, wer welche Rechte und Pflichten hat etc.
20 „Herrschaft der Besten" (gemeint sind die Adeligen, die Reichsten, Angesehensten, Tüchtigsten ...)

Senkrecht

2 Die Tochterstädte einer Polis; sie wurden von griechischen Siedlern im Mittelmeerraum gegründet. (Mz.)
3 Deutsches Wort für Ekklesia; sie bestimmte in Athen über Krieg und Frieden, wählte und kontrollierte die Beamten, beschloss Gesetze ...
4 Athenischer Dichter, Kaufmann und Politiker (640–560 v. Chr.); vermittelte zwischen verarmten Kleinbauern und Adeligen, schaffte die Schuldsklaverei ab, führte eine neue politische Ordnung und das Volksgericht ein.
5 „Herrschaft des Volkes"
6 „Herrschaft des Königs"
7 Griechischer Stadtstaat mit eigenem Gebiet, eigener Ordnung und Verwaltung
8 Die geplante und gewaltlose Veränderung von Verhältnissen in einem Staat, z. B. um Missstände zu beseitigen (Mz.)
11 Alleinherrscher; stützt seine Herrschaft oft auf Gewalt; kann sich über Recht und Gesetz hinwegsetzen
12 Politiker in Athen (um 490–429 v. Chr.); führt die Zahlung von Diäten ein, stärkte Athens Position im attischen Seebund, ließ die Akropolis prächtig ausbauen (mit dem Geld der Bundesgenossen), führte Athen in den Krieg gegen Sparta
15 Die Gesamtheit der griechisch sprechenden Völker (weitere Gemeinsamkeiten sind: Götterwelt, Tempelbauten, Olympische Spiele ...) (Mz.)
17 Eine Polis im Süden der Halbinsel Peloponnes, bekannt durch ihr Militärwesen

Das Lösungswort ergibt eine gewählte Versammlung, die Gesetze beschließt und verschiedene Kontrollfunktionen ausübt. Das Foto zeigt das Europäische ... in Straßburg.

1	2	3	4	5	6	7	8

Griechenland im Krieg mit den Persern

Nach der Zerschlagung und Flucht des persischen Heeres schlossen sich Athen, weitere Küstenstädte und Inseln zum Delisch-Attischen Seebund zusammen. So wollte man gegen die persische Bedrohung besser gewappnet sein. Zum Dank für die Errettung vor den Persern und zu Ehren der Stadtpatronin Pallas Athene wurde auf der Akropolis ein weltbekannter Tempel errichtet.

Waagerecht

2 Persischer Großkönig (um 519–465 v. Chr.), Sohn von Dareios I., führte ein Heer mit etwa 100.000 Soldaten und vielleicht 1000 Schiffe gegen die Griechen, wurde aber geschlagen.

4 Zu diesem Land gehört Kleinasien heute.

6 An diesem Ort war die persische Streitmacht von Großkönig Dareios I. gelandet (490 v. Chr.), um gegen Athen zu ziehen; in der Schlacht auf dem „Fenchelfeld" wurde sie jedoch geschlagen.

9 Handelsstadt in Kleinasien; musste den Persern Tribut zahlen; führte den ionischen Aufstand gegen die fremden Herrscher an; wurde 494 v. Chr. von den Persern zerstört

10 Alle Kriegsschiffe eines Landes

11 Griechische Polis, wurde von den Persern unter Xerxes I. stark zerstört

13 Name des athenischen Hafens

14 Persischer Großkönig (um 549–486 v. Chr.); ordnete sein Reich mit Erfolg neu, baute das Straßensystem aus, führte Kuriere ein; er begann jedoch auch die Perserkriege und scheiterte mit dem Versuch, Griechenland zu erobern.

16 Der Teil des Mittelmeers, der zwischen Griechenland und der Türkei liegt

17 Distanzwaffe mit hoher Durchschlagskraft

18 Schwer bewaffneter griechischer Soldat

19 Stadtstaat in Lakonien, das ist eine Landschaft auf dem Peloponnes.

Senkrecht

1 Eine Abgabe oder Steuer, die ein Land oder eine Stadt leisten muss, auch als Zeichen der Unterwerfung

3 Die planvolle Verfolgung eines Ziels, die auch längere Zeit dauern kann; das Wort stammt von der griechischen Bezeichnung für einen Heerführer.

5 König von Sparta; verteidigte mit nur etwa 1000 Soldaten den Thermopylen-Pass gegen das persische Heer von Xerxes I. (480 v. Chr.)

7 Schnelle militärische Einheit zu Pferde

8 Griechisches Kriegsschiff mit drei Ruderreihen und Hilfssegel

12 Alter Name der Meerenge, die die Ägäis und das Marmarameer miteinander verbindet; heute Dardanellen genannt

13 Weltreich, das sich von Kleinasien bis zum Nordwesten Indiens erstreckte, östlicher Nachbar Griechenlands

15 Diese Insel diente den Athenern als Zufluchtsort; 480 v. Chr. fand hier eine berühmte Seeschlacht statt, bei der die persische Kriegsflotte vernichtend geschlagen wurde.

Vom Leben und Arbeiten im antiken Griechenland

1	2	3	4	5	6	7	8	9	10	11	1

Durch sie wird uns viel aus dem antiken Griechenland überliefert. Sie erzählt uns etwas über Götter, Kriege, Sagen und Spiele, aber auch der Alltag wird dargestellt. Und da sie damals sehr verbreitet war, hilft sie auch bei der Zeitbestimmung und Zuordnung anderer Funde.

Waagerecht

1 Antike Münze; Währungseinheit auch im modernen Griechenland bis zur Einführung des Euro
3 Wichtigstes Brotgetreide
4 Baumfrucht mit Kern, die vor dem Verzehr eingelegt wird (im antiken Griechenland wurde sie auch in Honig und Most eingelegt); auch Lieferant von Speiseöl
6 Die Einfuhr von Gütern in ein Land (z. B. kauften Griechen ägyptisches Getreide)
9 Vitaminreiche, süße Früchte, die auch getrocknet gegessen werden; kugelige oder birnenförmige Gestalt, außen grün bis violett, innen rötlich (Mz.)
10 Sie lebten abseits der Poleis; waren für die Viehzucht und Weidewirtschaft verantwortlich; hatten lange Stäbe mit gekrümmter Spitze. (Mz.)
13 Sie waren völlig ohne Rechte und wurden wie eine Sache behandelt, die der Eigentümer sogar verkaufen konnte; sie arbeiteten in der Landwirtschaft, in den Bergwerken, Werkstätten und Haushalten. (Mz.)
15 Ein überdachter Handelsplatz
17 Der Hafen von Athen

Senkrecht

2 Brennmaterial und wichtigster Werkstoff in der Antike; wurde zum Bau von Gebäuden, Schiffen, landwirtschaftlichen Geräten, Gebrauchsgegenständen u. v. m. verwendet; z. T. mit negativen ökologischen Folgen
3 Sehr verbreitetes Getränk, das oft mit Wasser vermischt wurde
5 Öffentliche und private Einrichtungen, die zur Pflege und Stärkung des Körpers, zur Heilung und zur Unterhaltung aufgesucht wurden (Mz.)
7 Ein Handwerk, bei dem keramische Waren entstehen; oft arbeitsteilig (kneten, bemalen, brennen ...)
8 Das Herstellen von Stoffen; z. T. als Handwerk, z. T. durch die Frauen im Haushalt
10 Der Austausch von Waren
11 Die Ausfuhr von Gütern aus einem Land (z. B. wurde griechisches Silber nach Ägypten verkauft)
12 Die Arbeitsstätte eines Handwerkers, mit den erforderlichen Maschinen und Werkzeugen
14 Bauchiger Krug mit zwei Henkeln; meist aus Ton; zum Transport und zur Aufbewahrung z. B. von Öl
15 Form des Geldes; genormt und mit Erkennungszeichen versehen; meist aus Edelmetall (Mz.)
16 Grundstoff für die Keramikherstellung

Wissenschaft und Kunst

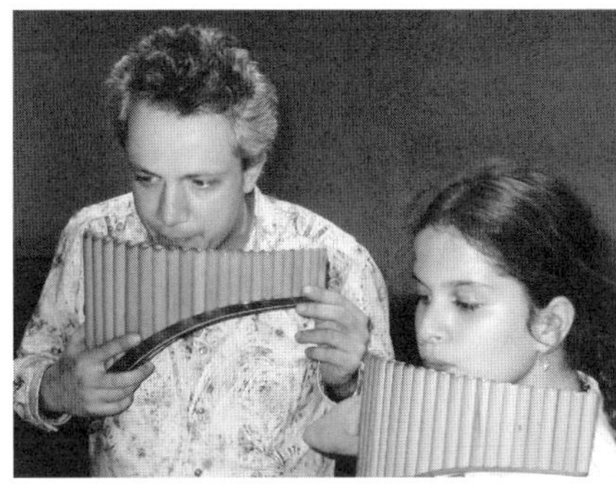

Ein Musikinstrument, das aus mehreren unterschiedlich langen Rohren besteht. Erfunden haben soll es der Schutzgott der Hirten, bei denen es häufig gespielt wurde. Noch heute ist es weit verbreitet.

1	2	3	4	5	6	7	8	9

Waagerecht

2 Auf ihnen wurde in der Schule geschrieben. (Mz.)
4 Zu dieser Dichtkunst wurde die Lyra gespielt.
5 Sie wurden von den Schauspielern im Theater getragen, um verschiedene Gefühle und Rollen deutlich zu machen. (Mz.)
6 Ort der Körpererziehung, an dem nackt geturnt wurde; später auch eine Bildungsstätte
8 Ein Standbild; als Denkmal oder zur Verehrung eines Gottes oder Menschen
10 Ein Theaterstück, bei dem die Hauptfiguren scheitern und die Zuschauer schaudern sollen
11 Eine Helden- oder Göttersage, meistens in Gedichtform
13 Philosoph und Mathematiker: $a^2 + b^2 = c^2$
17 Die „Liebe zur Weisheit"; ihre Anhänger versuchen u. a., die Ursachen natürlicher Phänomene mit der Vernunft und nicht mit dem Handeln von Göttern zu erklären; auch fragen sie nach dem Sinn des Lebens und nach Gut und Böse.
18 Schreibgerät, Stift
19 Das Verzieren von keramischen Gefäßen mit Bildern; eine wertvolle Quelle für die Erforschung des antiken Griechenlands

Senkrecht

1 Ein Künstler, der in Holz, Stein, Marmor oder Metall Bilder schnitzt, schlägt oder schneidet; Werkzeuge sind z. B. Hammer und Meißel
3 Griechischer Philosoph aus Athen: „Erkenne dich selbst". Er wurde im Alter wegen Gottlosigkeit und Verführung der Jugend zum Tode verurteilt und musste einen Giftbecher (Schierlingsbecher) trinken.
7 Eine Wissenschaft, die sich u. a. mit dem Rechnen mit Zahlen beschäftigt; ihr Name stammt aus dem Griechischen und bedeutet ungefähr: „Die Kunst des Lernens".
9 Ein Haussklave, der die Kinder auf dem Weg zur Schule begleitete und zu Hause oft die Erziehung übernahm
10 Ursprünglich ein abgegrenzter Bereich, der einer Gottheit geweiht wurde; später wurde darauf ein Bauwerk errichtet, in das z. B. ein Bild der Gottheit gestellt wurde
12 Ein Theaterstück mit heiterem Ausgang, bei dem die Zuschauer lachen sollen
14 Ursprünglich waren es Chorlieder bei Festen zu Ehren des Gottes Dionysos, später Aufführungen mit Schauspielern zur Unterhaltung der Bevölkerung
15 Name für eine Epoche, die das klassische Griechenland, den Hellenismus und das Römische Reich umfasst
16 Gruppe von Menschen, die in den Theatern die Aufführungen mit Gesang und Tanz begleitete

Krieg unter den Griechen

Waagerecht

3 Dieser Stadtstaat führte den Peloponnesischen Bund an und versuchte, das Vormachtstreben Athens zu unterbinden.
5 „Walze"; dicht gedrängte Kampfformation, mit der die griechischen Hopliten in die Schlacht zogen
6 König von Makedonien; erreichte die Vorherrschaft in Griechenland nach dem Peloponnesischen Krieg und bereitete einen Feldzug gegen Persien vor; Vater von Alexander dem Großen
7 Schwer bewaffnete griechische Soldaten mit Lanze und rundem Schild (Mz.)
10 Wichtiger Politiker und Stratege (um 490–429 v. Chr.); hat einerseits die Demokratie in Athen gefördert und bedeutende Bauwerke (Parthenon-Tempel) geschaffen, andererseits hat er den Stadtstaat in den Peloponnesischen Krieg geführt.
12 Sie bildete mit ihren Trieren die Grundlage für die militärische Macht Athens.
14 Sie nutzten die Zerstrittenheit der Stadtstaaten, bereicherten sich gewaltsam am Seehandel, indem sie Schiffe und küstennahe Orte angriffen, und handelten mit Sklaven. (Mz.)
15 Die politische, wirtschaftliche oder militärische Vormachtstellung eines Staates
16 Ursprünglich freiwilliges Bündnis der griechischen Poleis zur Abwehr der Perser; Attischer ...

Senkrecht

1 Inselreicher Teil des Mittelmeers zwischen Griechenland und der Türkei
2 Athenische Feldherren, die den Oberbefehl über Heer und Flotte innehatten; wurden in ein Kollegium hineingewählt (Mz.)
4 Eine Stadt, Burg oder Armee gibt in einer Auseinandersetzung auf und erklärt, dass sie keinen Widerstand mehr leisten wird.
8 Diese Kriege gingen im 5. Jahrhundert v. Chr. dem Peloponnesischen Krieg voraus. (Mz.)
9 Führende Polis im Attischen Seebund; unterlag im Peloponnesischen Krieg dem von Sparta geführten Bündnis
10 Halbinsel im Süden Griechenlands; durch den Isthmus von Korinth mit dem Festland verbunden
11 Eine Auseinandersetzung verschiedener Parteien, die oft gewaltsam verläuft
13 Stoßwaffe der Hopliten

Der Peloponnesische Krieg wurde nicht nur in Griechenland ausgetragen. Die Athener zogen mit mehreren Tausend Soldaten und einigen Hundert Schiffen aus, um eine Mittelmeerinsel zu erobern, die sehr weit im Westen der damals bekannten Welt lag. Sie scheiterten aber und wurden vernichtend geschlagen.

1	2	3	4	5	6	7	8

Alexander der Große und der Hellenismus

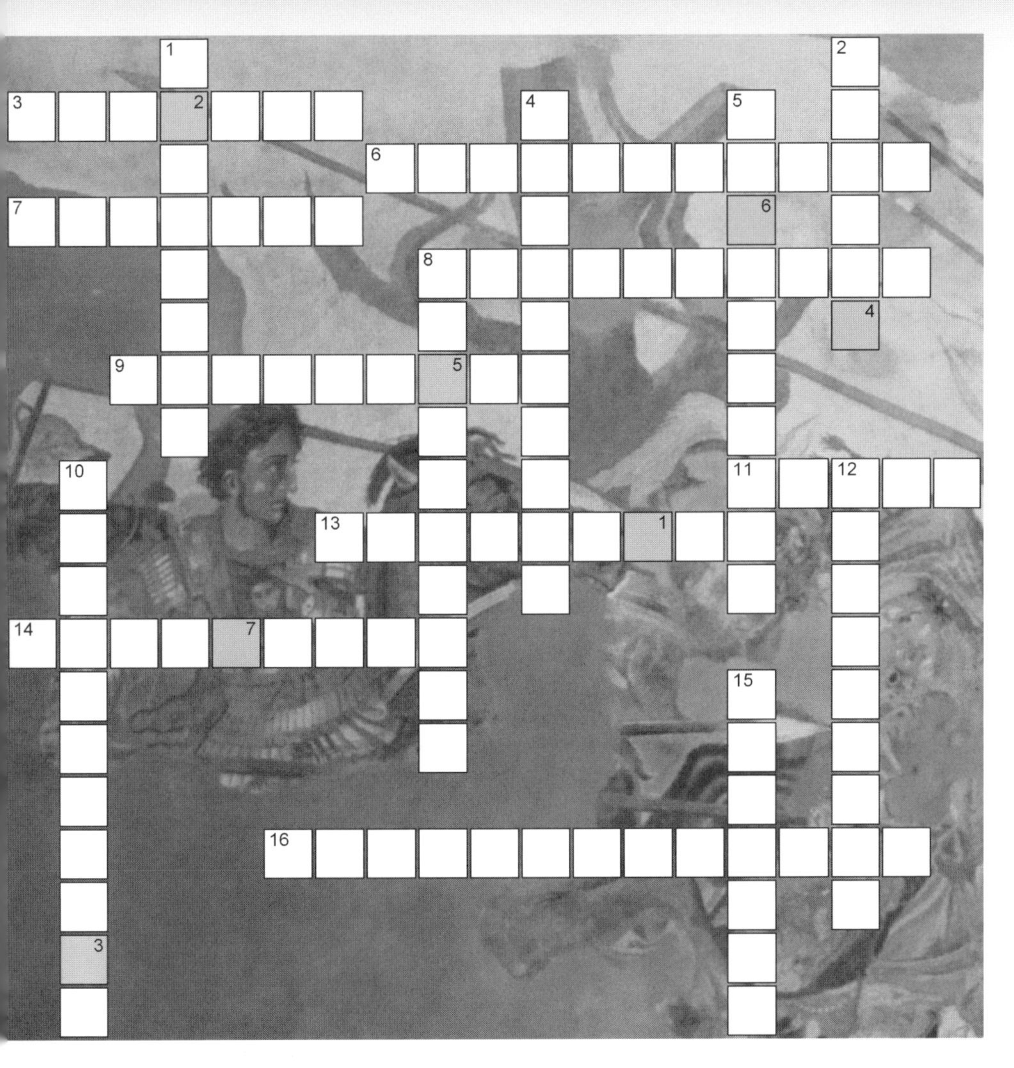

Waagerecht

3 Herrscher des Perserreiches und Gegner Alexanders
6 Militärisch genutztes Fahrzeug; von Pferden gezogen und meist mit zwei Soldaten besetzt
7 Diese Stadt am Euphrat wollte Alexander zum Sitz seines Reiches ausbauen; mit 33 Jahren ist er hier gestorben.
8 Bedeutender Mathematiker, Physiker und Ingenieur; studierte in Alexandria, lebte u. a. in Syrakus auf Sizilien, wo er auch starb; entdeckte die Hebelgesetze und die Auftriebskraft im Wasser; erfand eine Schraube, mit der z. B. Wasser aufwärts transportiert werden kann.
9 Vorläufer des Papiers; aus Tierhaut gefertigt
11 Dieser Fluss bildete die äußerste Grenze des Alexanderreiches im Osten; mündet in das Arabische Meer.
13 Die Staatsform in Makedonien
14 Sohn von Philipp II.; wurde als Zwanzigjähriger König von Makedonien; Feldzug nach Persien; eroberte ein Weltreich
16 Vorläufer von Büchern; die Bibliothek von Alexandria soll mehr als eine halbe Million besessen haben. (Mz.)

Senkrecht

1 Land im Nordosten Afrikas; hier wurde Alexander, nachdem dieser das Land erobert hatte, zum Pharao ausgerufen.
2 Sie eroberten im 1. Jahrhundert v. Chr. die Diadochenreiche. (Mz.)
4 Mit vielleicht 120 m Höhe zählte dieses Bauwerk am Eingang des Hafens von Alexandria zu den Sieben Weltwundern. Es war der ... von Pharos.
5 Landschaft im Norden Griechenlands
8 Hafenstadt am Nildelta, von Alexander dem Großen gegründet; lange Zeit Hauptstadt von Ägypten; bedeutendes kulturelles und wissenschaftliches Zentrum; berühmt ist z. B. die Forschungsstätte (Museion) mit der Bibliothek.
10 Geschichtsepoche, die mit Alexander dem Großen beginnt und vom Römischen Reich abgelöst wird; die griechische Denk- und Lebensweise beeinflusst dabei die Kultur anderer Länder wie z. B. Ägypten.
12 Ehemalige Feldherren Alexanders, die nach dessen Tod das Alexanderreich unter sich aufteilten (Mz.)
15 König von Makedonien; erreichte die Vorherrschaft unter den griechischen Stadtstaaten, die durch den langen Peloponnesischen Krieg geschwächt waren

Ein im Rätsel genannter Physiker stieg in eine randvoll gefüllte Wanne, wodurch das Wasser überlief. So entdeckte er durch Zufall ein physikalisches Prinzip. Vor Freude lief der Mann unbekleidet auf die Straße und rief dabei das Lösungswort, das übersetzt bedeutet: „Ich hab's gefunden!"

1	2	3	4	5	6	7

Latein-Deutsch für Anfänger

Waagerecht

3 NATURA
4 CIRCUS
6 VERBUM
7 TUMULTUS
9 NOMEN
12 FLAMMA
14 VINUM
15 PUBLICUM
16 FABULA
17 CORPUS
18 TUBA
19 FAMILIA

Senkrecht

1 PROVINCIA
2 INSULA
5 CAMELUS
8 TEMPLUM
10 MURUS
11 FENESTRA
13 SCHOLA
15 PORTA

Die Lösung ergibt die Übersetzung der Note „CUM LAUDE".

1	2	3	■	4	5	6

Latein-Deutsch für Fortgeschrittene

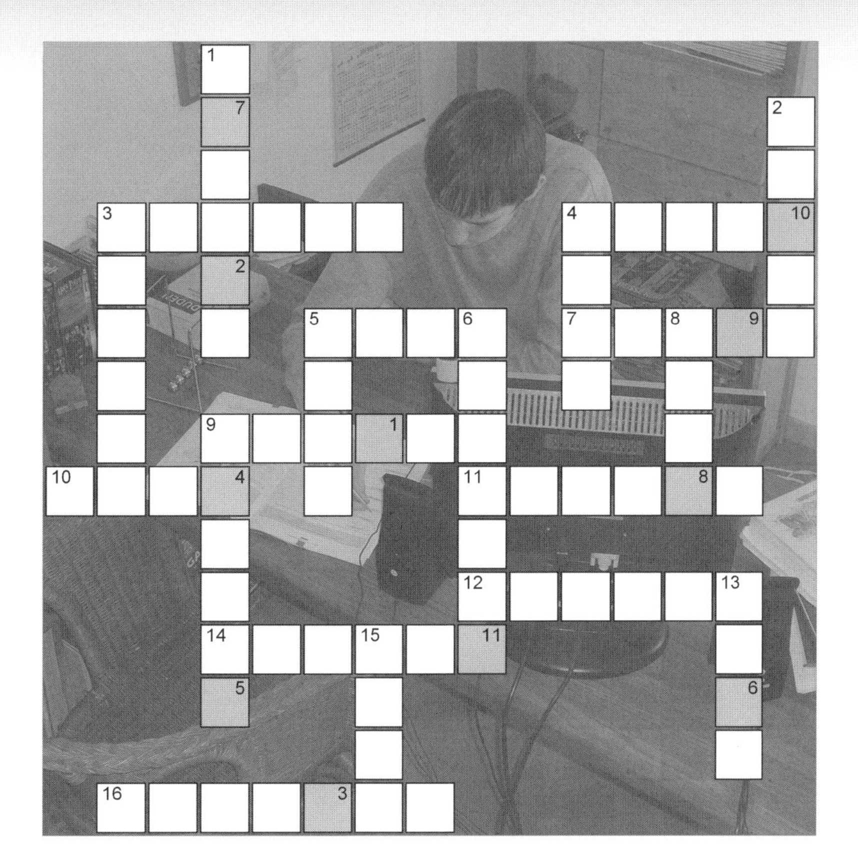

Waagerecht
3 REX
4 LANCEA
5 DOMUS
7 COLOR
9 HOMO
10 FEMINA
11 AQUA
12 ERROR
14 PARENTES
16 SIGNUM

Senkrecht
1 FORTUNA
2 LEO
3 CAMERA
4 AER
5 MANUS
6 PORCUS
8 ROSA
9 MUSCULUS
13 MARE
15 TERRA

Füge die beiden Lösungswörter ein und du erhältst die Übersetzung einer Weisheit:

„NON SCHOLAE, SED VITAE DISCIMUS“

„NICHT FÜR DIE

1	2	3	4	5	6

,

SONDERN FÜR DAS

7	8	9	10	11

LERNEN WIR.“

Die Gründung Roms

Waagerecht

3 Feuchtgebiet in Flussniederungen; schlammiger Boden
5 Der höchste Gott der Römer; Herr des Blitzes und des Donners
8 „Heiliger Bezirk"; ein Ort, an dem rituelle Handlungen ausgeführt werden
10 Fluss in Italien; fließt durch Rom
14 Abwasserkanal
16 Landschaft in Mittelitalien mit schmaler Küstenebene
17 Die „Ewige Stadt"; Hauptstadt des Römischen Reiches und des heutigen Italiens
18 Angehöriger der römischen Oberschicht
19 Er wurde von seinem Zwillingsbruder erschlagen.

Senkrecht

1 Römische Staatsform nach Beendigung des Königtums (res publica)
2 Europäischer Mittelmeerstaat; Halbinsel mit Stiefelform
3 Erzählung, die zunächst mündlich überliefert wurde; sie gibt Ereignisse wieder, die so nicht stattgefunden haben, stellt sie aber als wirklich dar; oft hat sie einen wahren Kern.
4 Versammlungs- und Marktplatz in den römischen Städten; meist mit Tempeln und Hallen; auch das Gericht wurde hier gehalten.
6 Befestigungsanlage einer Stadt
7 Antikes Volk, dessen Herkunft nicht geklärt ist; es wanderte u. a. in Latium ein und stellte ab dem 7. Jahrhundert v. Chr. die Könige in Rom.
9 Das einfache Volk, das nicht dem Adel angehörte; im Gegensatz zu den Sklaven aber nicht rechtlos
11 Dieses Tier fand die ausgesetzten Zwillingsbrüder und säugte sie.
12 Einer der sieben Hügel Roms; der Sage nach wurden hier die ausgesetzten Brüder angeschwemmt.
13 Sprache der Römer
15 Nach ihm wurde die Stadt Rom benannt.

Das Lösungswort nennt den kleinsten der sieben Hügel Roms. Seine Hänge waren aber sehr steil und deshalb wurde hier eine Burg errichtet. Auch stand hier der bedeutendste Tempel Roms, in dem gleich drei Stadtgottheiten verehrt wurden: Jupiter, die oberste Gottheit, Juno, seine Gattin und Göttin der Ehe und Geburt, sowie Minerva, die Beschützerin der Handwerker, Dichter und Lehrer.
Das ursprüngliche Aussehen des Hügels ist heute jedoch nicht mehr zu erkennen.

1	2	3	4	5	6	7

Die Römische Republik

Waagerecht

1 Sie bildeten die Grundlage des römischen Rechts und waren auf dem Forum auf Bronzetafeln zu sehen. (Mz.)
4 Eine der Bevölkerungsgruppen, die von der politischen Mitwirkung ausgeschlossen waren (Mz.)
5 Die Ordnung eines Staates; sie regelt, wie die Macht verteilt wird, wer welche Rechte und Pflichten hat etc.
8 Ein Staat, in dem das Volk zumindest einen Teil der Macht ausübt; abgeleitet von „res publica"
13 In einer Notsituation wurde er von einem Konsul ernannt und mit einer großen Machtfülle ausgestattet; für sechs Monate hatte er Befehlsgewalt über Staat und Heer; heute nennt man so einen Herrscher, der mit Polizei und Militär sein Volk unterdrückt und keine freien Wahlen zulässt.
14 Dieser lateinische Begriff bezeichnet die Hausgemeinschaft der Römer, mit dem Vater als Oberhaupt, der Ehefrau, den Kindern, den Sklaven und Klienten.
15 Abkürzung für „Senatus Populusque Romanus" („Der Senat und das Römische Volk"); man sieht die vier Buchstaben auf Denkmälern, Münzen und den römischen Feldzeichen.
16 Von den Plebejern gewählte Beamte; sie konnten gegen die Entscheidungen des Senats und der Magistrate Einspruch erheben. (Mz.)
17 Bezeichnung für die Kleinbauern, Handwerker und einfachen Kaufleute, die die Mehrheit der römischen Bürger bildeten (Mz.)

Senkrecht

2 Die Verpflichtung zur (Rück-)Zahlung von Geld oder zum Leisten einer Arbeit (Mz.)
3 Jemand, der seine Schutzbefohlenen und Freigelassenen vor Gericht und anderen Behörden vertrat und in Notsituationen Geld lieh; Oberhaupt einer Patrizierfamilie
4 Ein Platz, an dem Markt gehalten wurde und die Volksversammlung stattfand
5 Sie stimmte über Gesetze, Krieg und Frieden ab und wählte hohe Beamte.
6 Der „Rat der Alten"; politisches Gremium, das aus ehemaligen hohen Beamten und Angehörigen der Oberschicht bestand; es bestätigte Gesetze und Wahlen und beriet die Beamten.
7 Angehöriger des Adels
9 Bei bewaffneten Auseinandersetzungen wurden die Plebejer zu diesem Dienst herangezogen; Heeresfolge
10 Sie waren rechtlos und galten als Sache, über die der Besitzer frei verfügen konnte; häufig waren sie Kriegsgefangene. (Mz.)
11 Bezeichnung für hohe Beamte wie Konsuln, Prätoren, Zensoren und Quästoren (Mz.)
12 Die beiden obersten Beamten im Staat; sie bildeten die Regierung und führten das Heer; wurden von der Volksversammlung für ein Jahr gewählt. (Mz.)
16 So lautete der Einspruch eines Volkstribuns gegen einen Entschluss des Senats oder der Magistrate („Ich verbiete!").

Zwischen Plebejern und Patriziern gab es oft heftige Auseinandersetzungen. Daher errichteten die Römer auf dem Kapitol auch einen Tempel, den sie der Göttin Concordia weihten. Das Lösungswort liefert die Übersetzung für „Concordia".

1	2	3	4	5	6	7	8	9

Die Punischen Kriege

Waagerecht

4 Anderer Name für die Karthager (Mz.)
5 Römischer Soldat
9 Wichtigster Wirtschaftszweig Karthagos; durch die Lage der Stadt begünstigt
12 Hauptstadt des Römischen Reiches
15 Land in Südeuropa; stiefelförmige Halbinsel
16 Wer die Ruinen Karthagos heute besichtigen will, muss in dieses Land reisen.
18 Berittene militärische Einheiten
19 Europäisches Gebirge
20 Hafenstadt Roms

Senkrecht

1 Schlacht im Zweiten Punischen Krieg (216 v. Chr.), bei der die römischen Legionen verheerend geschlagen wurden
2 Stadtstaat in Nordafrika; See- und Handelsmacht
3 Land in Südeuropa; gehörte zum Machtbereich Karthagos; begehrt wegen seiner Silbervorkommen
6 Diese Insel stand im Mittelpunkt des Ersten Punischen Krieges; sie wurde die erste Provinz des Römischen Reiches.
7 Verwaltungseinheit, römische Besitzung außerhalb Italiens; die Bewohner waren ohne Bürgerrechte und mussten Abgaben zahlen.
8 Auf diesem Kontinent liegt Karthago.
10 Als Kriegswaffe eingesetzt, sollten diese Tiere die gegnerischen Reihen niedertrampeln. (Mz.)
11 Oft gewaltsame Auseinandersetzung; vom lateinischen Wort „confligere" (kämpfen, zusammenstoßen, aufeinanderprallen)
13 Dieses Meer liegt zwischen Europa, Afrika und Asien.
14 Fluss in Italien; entspringt im Apennin und mündet bei Ostia ins Mittelmeer
17 Römischer Feldheer (Beiname Africanus; 236 v. Chr. bis 183 v. Chr.); besiegte im Zweiten Punischen Krieg die Karthager in der Schlacht bei Zama

Das Lösungswort nennt einen Feldherrn aus Karthago (um 247 v. Chr. bis 183 v. Chr.). Er brachte den römischen Legionen im Zweiten Punischen Krieg empfindliche Niederlagen bei.

1	2	3	4	5	6	7

Aus dem römischen Alltag

Waagerecht

4 Offener Hauptraum in der Mitte des römischen Hauses; hier stand der Herd.
7 Im antiken Rom das wichtigste Getränk nach Wasser
8 Ein Bild, das aus sehr vielen bunten Steinchen oder Glasstückchen zusammengesetzt ist, z. B. zur Verzierung von Wänden oder Fußböden
9 Römische Münze; ursprünglich aus Silber, später aus Bronze oder Messing
11 Badeanlagen mit Kalt-, Warm- und Schwitzbädern, Schwimmbecken und Sporteinrichtungen; oft prächtig ausgestattet (Mz.)
12 Sie ereigneten sich in Rom fast täglich und waren eine ständige Bedrohung für die eng stehenden Häuser der Stadt. (Mz.)
14 Hier wurden Komödien und Tragödien aufgeführt.
15 Dieses Kleidungsstück ähnelt einem übergroßen T-Shirt; es war knielang und wurde über den Hüften mit einem Gürtel gehalten.
17 Süßstoff; wurde auch zum Würzen von Wein verwendet
18 Einfaches Brot aus gemahlenem Weizen, dessen Teig nur wenig aufgeht

Senkrecht

1 Ein Gestell, mit dem Menschen getragen werden, z. B. von Sklaven
2 In diesen Betrieben wurde ein wichtiger Baustoff hergestellt. (Mz.)
3 Fechtkämpfer, die in Arenen auf Leben und Tod kämpften (Mz.)
5 Kernfrüchte, die auch zu Öl gepresst werden (Mz.)
6 Ein Schmuckstück, das auch vor Krankheiten und Gefahren schützen soll
10 Diese leichten Schuhe mit Riemenbindung wurden im Haus getragen. (Mz.)
12 Er wurde aus Getreide zubereitet und war lange Zeit für die Mehrheit der Bevölkerung das wichtigste Nahrungsmittel.
13 Brückenähnliches Bauwerk, das der Wasserversorgung diente
15 Ein Kleidungsstück, das aus einem einzigen breiten Stück Stoff bestand; nur römische Bürger durften es tragen.
16 Eine lang gestreckte Rennbahn, auf der Wagenrennen stattfanden. Bei den Römern waren diese Veranstaltungen sehr beliebt. Die älteste und zugleich größte Anlage hatte bereits zu Kaiser Augustus Zeiten Platz für etwa 60.000 Zuschauer.

Nicht das allein stehende „domus" oder die „villa" waren die typischen Häuser in Rom. Die große Mehrheit der Römer lebte in mehrstöckigen Wohnblocks zur Miete, in deren Erdgeschoss sich oft auch Läden befanden. Das Lösungswort ist der lateinische Name hierfür.

1	2	3	4	5	6	7

Gaius Iulius Caesar

Senkrecht

1 Nach der Heeresreform des Konsuls Gaius Marius wurden nicht mehr die Bürger zum Krieg herangezogen, sondern ... (Mz.)
2 Eine der Reformen, die Caesar durchsetzte: entlassene Soldaten erhielten nun ...
3 Begriff für das „Drei-Männer-Bündnis“ von Caesar, Crassus und Pompejus (der später Caesars Gegner wurde)
4 Anführer der Verschwörung gegen Caesar; der berühmteste Caesarmörder
6 Der „Rat der Alten“; ein Machtzentrum im römischen Staat
7 Symbol der Macht und des Sieges; mit ihm ließ sich Caesar auf Münzen abbilden.
10 Eine bewaffnete Auseinandersetzung auf dem Gebiet eines Staates, an der sich verschiedene Gruppen aus diesem Land beteiligen, z. B. Plebejer gegen Patrizier
13 Zweischneidige Stichwaffe
14 Titel des höchsten römischen Beamten

Waagerecht

2 Ein aus politischen Gründen geplanter oder verübter Mord
5 Grenzfluss zwischen dem eigentlichen Italien und der oberitalienischen Provinz; berühmt durch Caesar, der den Fluss 49 v. Chr. mit den Worten „Der Würfel ist gefallen“ überschritt und einen Bürgerkrieg gegen Pompejus begann
8 Die geplante und gewaltlose Veränderung von Verhältnissen in einem Staat, z. B. um Missstände zu beseitigen (Mz.)
9 Titel für einen Monarchen, der noch über einem König steht
11 Zu seiner Zeit der reichste Mann Roms; zusammen mit Pompejus Konsul; später Mitglied des Triumvirats; starb bei einem Feldzug gegen die Parther
12 Wichtigstes Nahrungsmittel in Rom; wenn es nicht ausreichend vorhanden war, konnte es leicht zu Unruhen kommen.
13 Alleinherrscher; späterer Titel Caesars, den er auf Lebenszeit verliehen bekam
15 Ein Monatsname, der auf Caesar zurückgeht
16 Ein Soldat, der seine Dienstzeit beendet hat
17 Siegesfeier eines römischen Feldherrn nach Beendigung eines Feldzugs; der Feldherr und das Heer zogen mit Lorbeerkränzen geschmückt durch Rom und zeigten die Kriegsbeute und die Gefangenen; außerdem gab es ein Festmahl und eine Beschenkung für das Volk.
18 Name für das von Kelten besiedelte Gebiet, das von Caesar erobert wurde; heute etwa Frankreich und Belgien

Gesucht wird ein keltischer Fürst vom Stamm der Arverner. Er versammelte die von Caesar besiegten gallischen Völker und rief zum Widerstand auf. Tatsächlich konnte er Caesar anfangs zum Rückzug zwingen, nach der für ihn verlorenen Schlacht von Alesia musste er sich aber ergeben. Als Gallier endet sein Name natürlich mit einem „ix“.

1	2	3	4	5	6	7	8	9	10	11	I	X

Augustus und das Kaiserreich

Waagerecht

2 Der spätere Kaiser Augustus eroberte dieses Land; es wurde römische Provinz und persönlicher Besitz des Kaisers; die bisherige Herrscherin, Königin Kleopatra, beging Selbstmord.

4 Stadt in Süditalien, die im Jahr 79 n. Chr. durch den Ausbruch des Vesuvs zerstört wurde; heute ein Weltkulturerbe

6 Luxuriöses Landhaus mit Garten in Stadtnähe oder ein größerer Gutshof mit Gemüse-, Obst- oder Weinanbau

9 Ursprünglich ein Ehrentitel für einen siegreichen Feldherrn; später wurden so die Kaiser angeredet.

11 Dieser Name wurde für die Herrscher nach Augustus als Titel verwendet.

12 Standbilder, die der Verehrung der Kaiser dienten (Mz.)

14 Römische Göttin des Friedens

15 Der Vorsteher einer römischen Provinz; auch Vertreter des Kaisers

16 Kaiser Claudius eroberte den Süden dieser Insel im Jahr 43 n. Chr.; die Stadt Londinium wurde wenig später gegründet; diese Provinz war der nordwestlichste Vorposten Roms.

17 Kostbares Gestein, das für edle Fußböden, Wandverkleidungen, Säulen und Statuen verwendet wird; der Abbau war Sklavenarbeit.

18 Torähnliche, frei stehende Gebäude; wurden zu Ehren siegreicher Feldherrn und Kaiser errichtet. (Mz.)

19 Der Name bedeutet „der Erhabene“ und wurde Octavian vom Senat verliehen; zuvor hatte Octavian darauf verzichtet, als Diktator oder König zu herrschen, stattdessen nannte er sich „princeps“.

Senkrecht

1 Lateinisches Wort für „Befehlsgewalt“, „Herrschaft“ und „Reich“; heute „Weltreich“

3 Unterworfene Gebiete außerhalb Italiens; mussten Abgaben leisten; von einem Statthalter verwaltet (Mz.)

5 Berittene Adelige; nach den Senatoren der wichtigste Stand; sehr vermögend (z. B. Großgrundbesitz und Fernhandel); hatten oft hohe Verwaltungsämter inne.

7 Um ihr Riesenreich beherrschen zu können, errichteten die Römer ein Netz gut ausgebauter Fernstraßen. An manchen Strecken sieht man noch Entfernungsanzeiger aus dieser Zeit. (Mz.)

8 Der Versuch der Römer, das rechtsrheinische Germanien zu erobern, scheiterte; in dieser Schlacht verloren sie drei Legionen.

10 Nach dem Tod Caesars gab es wieder bewaffnete Auseinandersetzungen zwischen den Römern; es herrschte …

13 Römische Heereseinheiten; unter Augustus hatte jede Einheit etwa 6000 Mann Fußvolk und 700 Reiter; dazu kamen Hilfstruppen. (Mz.)

14 Die Herrschaftsform des Augustus; abgeleitet von „princeps“, der Erste im Staat

1	2	3	4	U	N	D	5	6	7	8	9	10

Um die Bevölkerung bei Laune zu halten, boten die Kaiser oft „panem et circenses“.

Ave Ceasar!

In diesem Rätsel verbergen sich die Namen von zehn Caesaren (von links nach rechts und von oben nach unten), die zu unterschiedlichen Zeiten und mit unterschiedlichem Erfolg regiert haben. Auch der direkte Nachfolger von Augustus, er ist oben auf dem Bild zu sehen, befindet sich darunter. Doch Vorsicht: Nicht alles, was lateinisch klingt, muss ein Kaiser sein!

Ceasaren gesucht

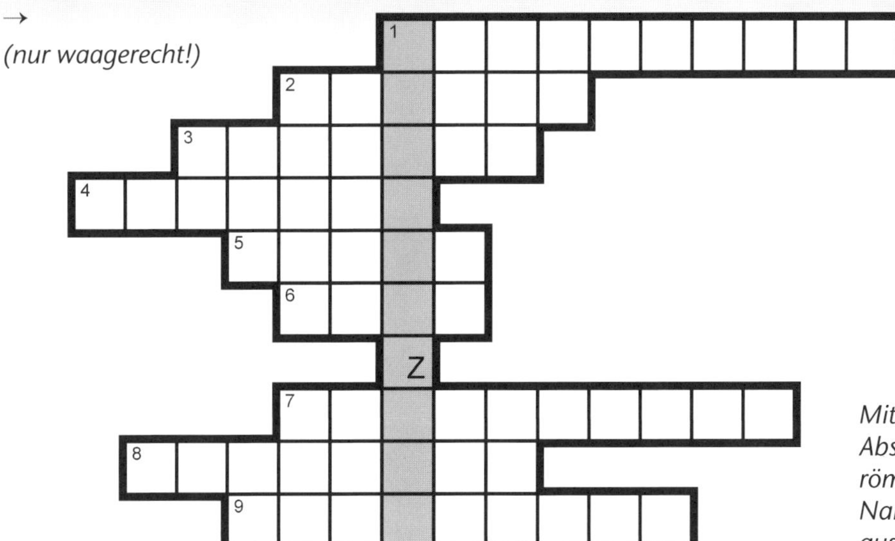

Mit Augustus beginnt ein neuer Abschnitt in der wechselvollen römischen Geschichte. Der Name für diese Zeit ergibt sich aus den grauen Feldern.

1 Der I. oder auch „der Große"; im Jahr 313 gewährten er und sein Mitkaiser in dem sogenannten Toleranzedikt allen Menschen – auch den Christen – die Religionsfreiheit; machte den Sonntag zum Feiertag; 326 verlegte er den Kaisersitz des Römischen Reiches nach Byzanz, das ihm zu Ehren umbenannt wurde.

2 Er wurde Kaiser durch Adoption; unter seiner Herrschaft hatte das Römische Reich die größte Ausdehnung; Ausbau der Grenzbefestigungen an Rhein und Donau sowie Gründung der Stadt Colonia Ulpia Traiana, die in der Nähe des heutigen Xanten lag; zu seinen Ehren wurde eine 40 m hohe Siegessäule errichtet, die noch heute in Rom zu besichtigen ist.

3 Ebenfalls ein Adoptivkaiser; war viel auf Reisen; errichtete in Britannien eine Befestigungsanlage, die nach ihm benannt wurde, und baute den Limes aus; schlug in Judäa einen Aufstand nieder und verwüstete das Land, die Juden wurden vertrieben.

4 Letzter Kaiser des Weströmischen Reiches; von Ostrom nicht anerkannt; war noch ein Kind, als die Soldaten seines Vaters, der Oberbefehlshaber war, ihn zum Kaiser ausriefen; sein Spitzname war „Augustulus", das „Kaiserlein"; er wurde von Odoaker, einem Anführer germanischer Hilfstruppen, abgesetzt.

5 Mark ...; letzter der Adoptivkaiser; während seiner Herrschaft fanden viele Verteidigungskämpfe statt, z. B. gegen die Parther im Osten und gegen germanische Völker an der Donau; gilt als der „Philosoph auf dem Kaiserthron": *„Du kannst nicht im Schreiben und Lesen unterrichten, wenn du es nicht selber kannst; viel weniger lehren, wie man recht leben soll, wenn du es nicht selber tust."*

6 Interessierte sich für Kunst und Musik, hielt sich selbst für einen guten Sänger und Dichter; ermordete seine Mutter und begann zahlreiche weitere Verbrechen; in seiner Amtszeit brach ein Brand aus, der große Teile Roms vernichtete; als Schuldige ließ er Christen verhaften und grausam hinrichten; wurde wegen seiner Verschwendungssucht und Unfähigkeit zum Staatsfeind erklärt; beging Selbstmord.

7 Der I. oder auch „der Große"; oströmischer Kaiser, der in seinem letzten Regierungsjahr der letzte Kaiser des Gesamtreiches wurde; machte das Christentum zur Staatsreligion und erließ Gesetze gegen das Heidentum; schloss Frieden mit den Westgoten und siedelte sie innerhalb der Reichsgrenzen an.

8 Hatte einige Behinderungen und wurde deshalb verspottet; wurde von der kaiserlichen Leibgarde zum Kaiser ausgerufen; eroberte Britannien; wurde von seiner Frau Agrippina vergiftet.

9 Der I.; oströmischer Kaiser; versuchte, das römische Imperium wieder herzustellen; führte Kriege gegen die Perser, Vandalen und Goten; eroberte Italien zurück; seine Politik erschöpfte jedoch die wirtschaftlichen Möglichkeiten des Staates, was zu Unruhen führte; kurz nach seinem Tod fielen Teile Italiens an die Langobarden; viele Historiker sehen in dieser Zeit das Ende der Antike.

Aus den Provinzen

Waagerecht

1 Erst hatten es nur die Bürger des römischen Stadtstaates inne, dann alle Bewohner Italiens, in den Provinzen konnten die Statthalter es einzelnen Personen verleihen, unter Kaiser Caracalla bekamen es alle freien Bewohner des Reiches; Kennzeichen war die Toga

6 Ein Wort mit zwei Bedeutungen: Weg zur Grenzkontrolle und Grenzbefestigung mit Wällen, Palisaden, Mauern und Wachtürmen

8 Die Übertragung römischer Lebensweise auf die Völker in den Provinzen

11 Menschen ohne römisch-griechische Bildung, fremde Stämme außerhalb der Grenzen (Mz.)

13 Fachbegriff für die Verbreitung städtischer Lebensweisen (z. B. Verwaltung, Straßen, Tempel, Thermen), auch Städtegründungen gehören hierzu („urbs", die Stadt).

15 Sie unterstützten die römischen Soldaten; oft auch mit Spezialaufgaben (Reiter, Bogenschützen); kamen aus den Provinzen und erhielten nach Dienstende das Bürgerrecht. (Mz.)

16 Landwirtschaftliche Produktion zur Gewinnung eines Getränkes; von den Römern z. B. an Rhein und Mosel betrieben

17 Rheinland-pfälzische Stadt an der Mosel; „Augusta Treverorum", von Kaiser Augustus gegründet; später auch Residenz der Kaiser

18 „Colonia Claudia Ara Agrippinensium", abgekürzt CCAA oder einfach „Colonia"; erst römisches Legionslager, später Kolonie, dann Hauptstadt der Provinz Niedergermanien

19 Er war Statthalter in der Provinz Judäa in den Jahren 26 bis 36 n. Chr.; bekannt geworden ist er durch die Passionsgeschichte im Neuen Testament; Pontius ...

20 Diese Provinz am Nil galt als Kornkammer und hatte deshalb eine Sonderstellung inne; unterstand direkt dem Kaiser; erobert wurde sie von Octavian, dem späteren Augustus

Senkrecht

2 „Villa Rustica"; Mittelpunkt eines landwirtschaftlichen Betriebs, oft von einem Veteranen geleitet; versorgte eine nahe gelegene Stadt oder ein Militärlager

3 Große römische Militäreinheiten; an den Reichsgrenzen stationiert (Mz.)

4 Grenzfluss in Germanien

5 Bewährte Soldaten, die ihre Dienstzeit beendet hatten; bekamen oft Ländereien zugewiesen (Mz.)

7 Militärlager zur Grenzsicherung

9 Wichtig für den Austausch von Waren und Informationen, besonders aber, um Soldaten möglichst schnell von einem Standort zu einem anderen verlegen zu können

10 Der Leiter einer römischen Provinz

12 Diese Provinz war der nordwestlichste Vorposten Roms; Kaiser Claudius eroberte den Süden dieser Insel im Jahr 43 n. Chr., wenig später wurde die Stadt Londinium gegründet.

14 Teile des heutigen Frankreichs und Belgiens; von Kelten besiedelt; erobert durch Gaius Iulius Caesar; das Gebiet wurde in mehrere Provinzen aufgeteilt.

Mithilfe der Lösungskästchen kannst du diesen Satz vervollständigen: ALLE WEGE ...

1	2	3	4	5	6	7	■	8	9	10	11	■	12	13	14

Die Römer in Germanien

Waagerecht

5 „Germania Superior"; römische Provinz, zu der Teile der Schweiz, Frankreichs und Südwestdeutschlands gehörten; Provinzhauptstadt war Mainz
8 Befestigtes Militärlager
9 Römischer Feldherr und Statthalter; wollte die germanischen Gebiete bis zur Elbe zur steuerpflichtigen Provinz machen, was aber auf Widerstand stieß; die nach ihm benannte Schlacht endete in einer Niederlage.
12 „Germania Inferior"; römische Provinz, die Belgien, die Niederlande und Nordwestdeutschland umfasste; Provinzhauptstadt war Köln
13 Da die Römer ihr liebstes Getränk auch in Germanien trinken wollten, wurde diese Pflanze an Rhein und Mosel heimisch.
14 „Römer-, Dom- und Siegfriedstadt" am Niederrhein; in ihrer Nähe wurde bereits 12 v. Chr. ein Legionslager errichtet, von dem aus die Eroberung des „Germania Magna" erfolgen sollte.
15 Die Römer wollten im feucht-kalten Germanien nicht auf ihre „Römerbäder" verzichten; Archäologen konnten diese Anlagen an vielen Orten nachweisen. (Mz.)
18 Römischer Senator, Historiker und Schriftsteller; lebte zur Zeit Trajans; in seinem Werk „Germania" beschreibt er die Stämme und die Lebensweise der Germanen.
19 Grenzbefestigung zwischen dem „Imperium Romanum" und dem „Germania Magna"

Senkrecht

1 Zusammenschluss mehrerer kleiner Germanenstämme, die am Nieder- und Mittelrhein lebten; der Name bedeutet „die Freien". (Mz.)
2 Dieser germanische Stamm lebte in dem Gebiet zwischen Weser und Elbe, nördlich des Harzes; er wurde kurzzeitig von den Römern unterworfen; dem Anführer Arminius gelang aber die Befreiung.
3 „Augusta Vindelicorum"; den Namen bekam die Stadt am Lech, weil sie auf Befehl des Kaisers Augustus gebaut wurde; der Name ist noch heute erkennbar; ab 95 n. Chr. Provinzhauptstadt von Raetien.
4 Dieser germanische Stamm kam aus dem Norden und wanderte zunächst in das Maingebiet ein, zog dann in das Gebiet nördlich der Donau; zur Zeit von Kaiser Mark Aurel kam es zu mehreren Auseinandersetzungen mit den Römern. (Mz.)
6 Diese begehrte Handelsware verdankten die Germanen dem Wildreichtum ihrer Wälder. (Mz.)
7 Stadt an der Mosel; „Augusta Treverorum", spätere Kaiserresidenz
10 Dieser Schmuckstein von der Ostseeküste war ein Exportschlager des „freien Germaniens".
11 Germanischer Gott; auch Thor genannt; mit seinem Hammer kann er Blitze schleudern; ein Wochentag wurde nach ihm benannt.
13 Teil der Befestigungsanlagen am Limes (Mz.)
16 Nach dem Willen des Augustus sollte dieser Fluss die neue Grenze in Germanien bilden.
17 „Mogontiacum"; Legionslager am Rhein gegenüber der Mainmündung; später Provinzhaupt

Wo der Ort der Varusschlacht tatsächlich liegt, wurde von Historikern lange diskutiert, und Archäologen führten an vielen Stellen Ausgrabungen durch. Nun glaubt man aber sagen zu können, dass er in der Nähe von Osnabrück liegt. Man fand hier sehr viele Münzen – die alle vor dem Jahr 9 n. Chr. geprägt worden sind.

1	2	3	4	5	6	7	8	9

Das Ende des Römischen Reiches

Waagerecht

1 Gegnerisches Volk östlich des Reiches; konnte im Jahr 260 n. Chr. Kaiser Valerian gefangen nehmen.

7 Auch nach dem Zerfall des Römischen Reiches war es die Sprache der Könige, Fürsten und Bischöfe.

12 Hauptstadt des Oströmischen Reiches; vorher hieß sie Byzanz, heute heißt sie Istanbul.

14 Hauptstadt des weströmischen Reiches

16 Um die verschiedenen Krisenherde besser bekämpfen zu können, teilte dieser Kaiser, er regierte von 284 bis 305 n. Chr., die Herrschaft auf vier Kaiser auf (Tetrachie); damit bereitete er die Aufteilung des Reiches vor.

17 380 n. Chr. von Kaiser Theodosius I. zur Staatsreligion erklärt

Senkrecht

2 Römische Feldherrn, die von ihren Soldaten zum Kaiser ausgerufen wurden; ihre Regierungszeit war meist sehr kurz und oft gab es auch Gegenkaiser, die sie bekämpften.

3 In der späteren Römerzeit wurden von hier aus große Teile Westeuropas und sogar ein Teil Nordafrikas verwaltet; mehrere Kaiser herrschten hier, z. B. Konstantin I. und Valentinian I.; die Stadt liegt an der Mosel.

4 Diese Epoche kommt nach der Antike.

5 Goten, Vandalen, Franken und viele andere germanische Völker verlagerten ab dem 2. Jahrhundert ihre Siedlungsgebiete aus verschiedenen Gründen: Kriege, Missernten, Seuchen ... Der Einfall der Hunnen nach Ost- und Mitteleuropa löst ab 375 n. Chr. eine Massenbewegung aus.

6 Das Aufbringen immer neuer Soldaten und das Anwerben fremder Hilfstruppen belasteten die Staatskasse, daher stiegen die ... (Mz.)

8 Zusammenschluss mehrerer Germanenstämme am Nieder- und Mittelrhein; während der Völkerwanderung zogen sie nach Südwesten und breiteten sich über Gallien aus; später errichteten sie von hier aus ein mächtiges Reich. (Mz.)

9 Oströmischer Kaiser; regierte von 527 bis 565 n. Chr.; versuchte, das römische Imperium wieder herzustellen; führte Kriege gegen die Perser, Vandalen und Goten; eroberte Italien zurück; seine Erfolge hielten aber nicht lange.

10 Reitervolk aus Zentralasien; es löste in der Zeit ab 375 n. Chr. die Völkerwanderung aus; auch in Germanien und Gallien verwüstete es Städte; einer seiner Anführer war Attila. (Mz.)

11 Ein weiterer Titel des Bischofs von Rom

13 Nach dem Tod dieses Kaisers im Jahr 395 n. Chr. wurde das Römische Reich in eine Westhälfte und eine Osthälfte geteilt.

15 Seuche, die zur Zeit Kaiser Justinians auftauchte; tötete im gesamten Mittelmeergebiet viele Menschen und verursachte Hungersnöte.

Dieser Kaiser versuchte, das alte Imperium Romanum wieder herzustellen. Seine Erfolge waren aber nur von kurzer Dauer. Die Zeit des Niedergangs des Römischen Reiches bezeichnen die Historiker als ...

1	2	3	4	5	6	7	8	9	10	11

Zu Seite 5

Begriffe, die uns im Geschichtsunterricht begegnen

Lösungswort: DENKMAL

AH - AL - AR - BAU - BAUM - CHIV - DE - DER - DERT - GAN - GE - GE - GEN - GEN - GEN - HEIT - HIS - HUN - I - IN - JAHR - KA - KE - KER - KON - KUN - LEIS - LEN - LEN - MIT - MOND - NE - NE - NEN - ON - QUEL - RA - REN - RI - RU - SER - STAMM - TE - TEL - TER - TER - TI - TO - UHR - UR - VER - VIE - VIEW - WART - WER - ZEIT - ZEIT - ZEU

Zu Seite 6

Quellen gesucht (1)

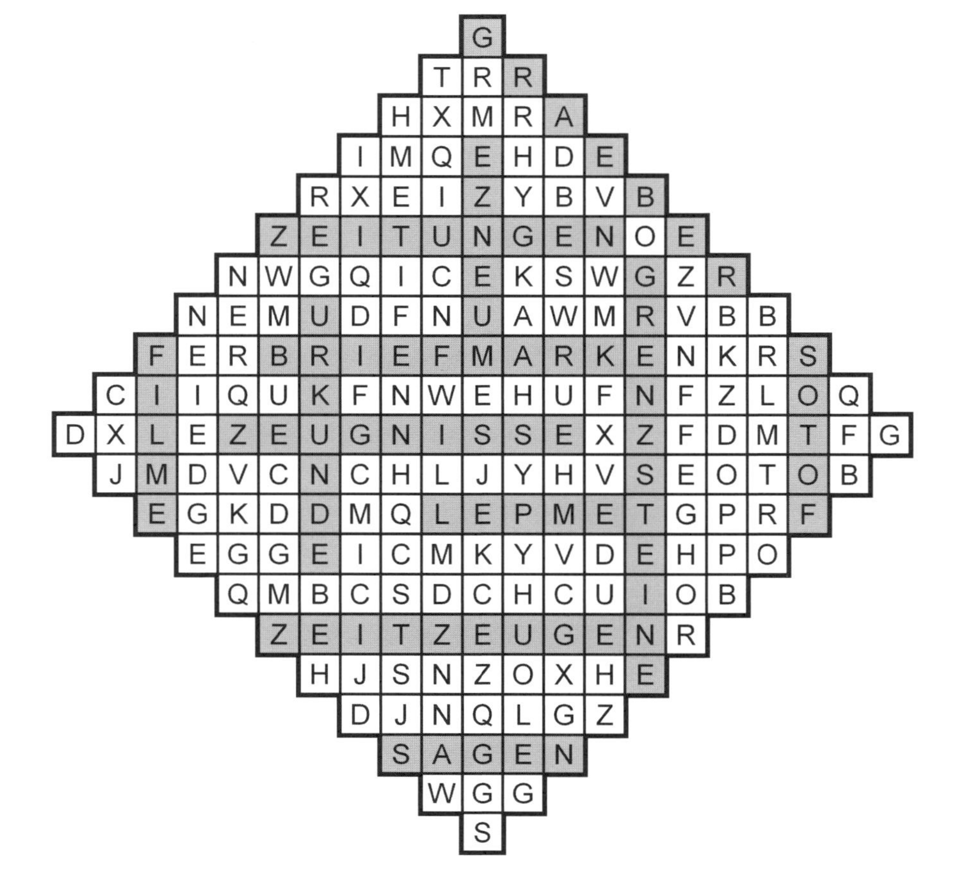

BER - BRIEF - DE - FIL - FO - GEN - GEN - GEN - GRAE - GRENZ - KE - KUN - MAR - ME - MUEN - NE - NIS - PEL - SA - SE - STEI - TEM - TOS - TUN - UR - ZEI - ZEIT - ZEN - ZEU - ZEUG

Zu Seite 7

Quellen gesucht (2)

BUE - CHER - DE - DENK - DER - EL - ER - GE - GEL - GRAB - I - KAR - LAND - LIE - LUNG - MAEL - MAL - NEN - PEN - RU - SIE - STEIN - TAUF - TE - TERN - WAP - WERK - ZAEH - ZEUG

Zu Seite 8

Von den ersten Spuren der Menschheit bis zur Altsteinzeit

Lösungswort: FEUERSTEIN

A - AN - AR - BEIN - CHAEO - CHEN - CY - DER - EI - EIS - EL - EN - EN - ER - FAUST - FEN - FEU - FOS - FRI - GE - GEN - GLET - HOEH - HOEH - JAGD - KA - KEIL - KNO - LE - LEN - LER - LER - LETT - LI - LO - LU - MA - MAM - MUT - NE - OST - REN - SCHER - SI - SKE - SPEER - TA - TE - TIER - WERK - ZEIT - ZEL - ZEU

Zu Seite 9

Eine große Veränderung: Menschen werden sesshaft

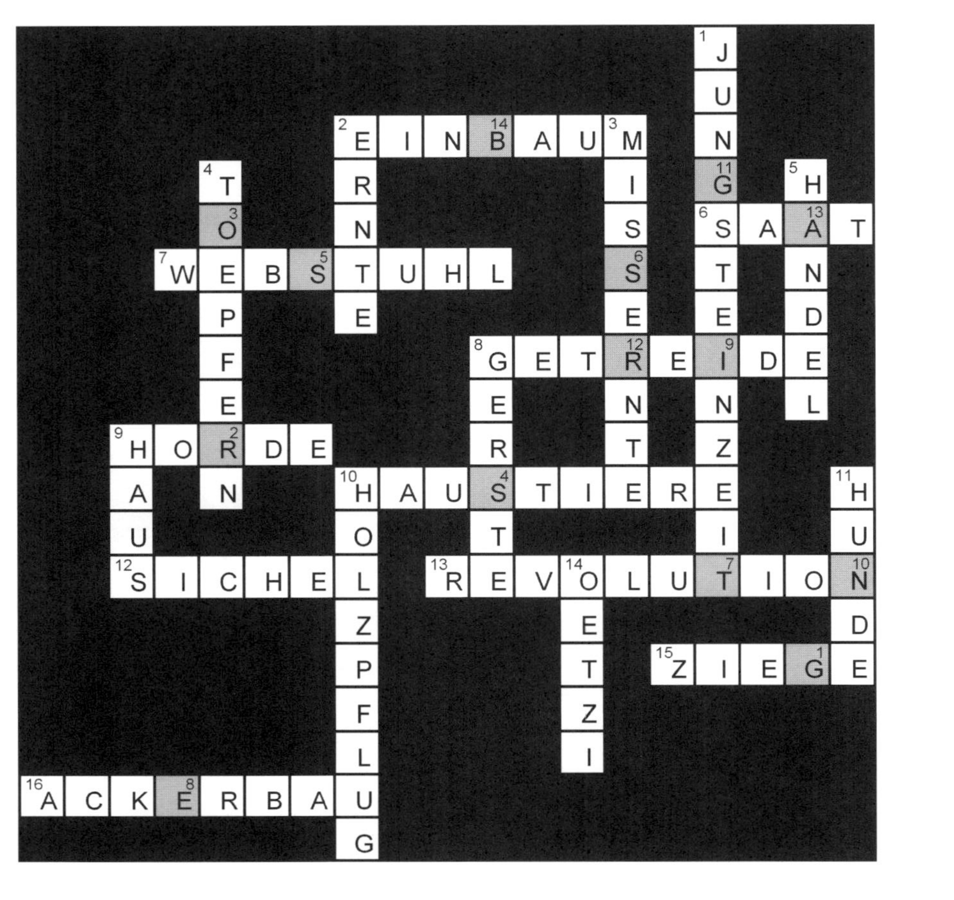

Lösungswort: GROSSSTEINGRAB

A - BAU - BAUM - CHEL - CKER - DE - DE - DE - DEL - EIN - ERN - ERN - FERN - GE - GE - GERS - HAN - HAUS - HAUS - HOLZ - HOR - HUN - JUNG - LU - MISS - OET - PFLUG - RE - RE - SAAT - SI - STEIN - STUHL - TE - TE - TE - TIE - TION - TOEP - TREI - VO - WEB - ZEIT - ZI - ZIE

Zu Seite 10

Bronze und Eisen lösen die Steine ab (1)

Lösungswort: FERNHANDEL

AR - BAR - BEITS - BRON - EI - EI - ERZ - FER - FORM - HALS - HORT - HUET - KEIT - KEL - KET - KUP - LE - LER - LUNG - LUP - ME - MEI - MUEN - PE - SCHMIED - SEN - SEN - TAL - TE - TEI - TEN - TUNG - VER - ZE - ZEIT - ZEN - ZINN

Zu Seite 11

Bronze und Eisen lösen die Steine ab (2)

Lösungswort: RENNOFEN

ARM - BAR - BEIL - BEL - BRON - BRON - CKE - ER - FER - FER - FI - GEN - GIE - GOLD - HAER - HOLZ - KOEH - KOH - KUP - KUP - LE - LE - LER - REIF - REN - RUNG - SALZ - SCHLA - TE - WA - ZE - ZE - ZE - ZEIT

Zu Seite 12

Eine Hochkultur im Zweistromland

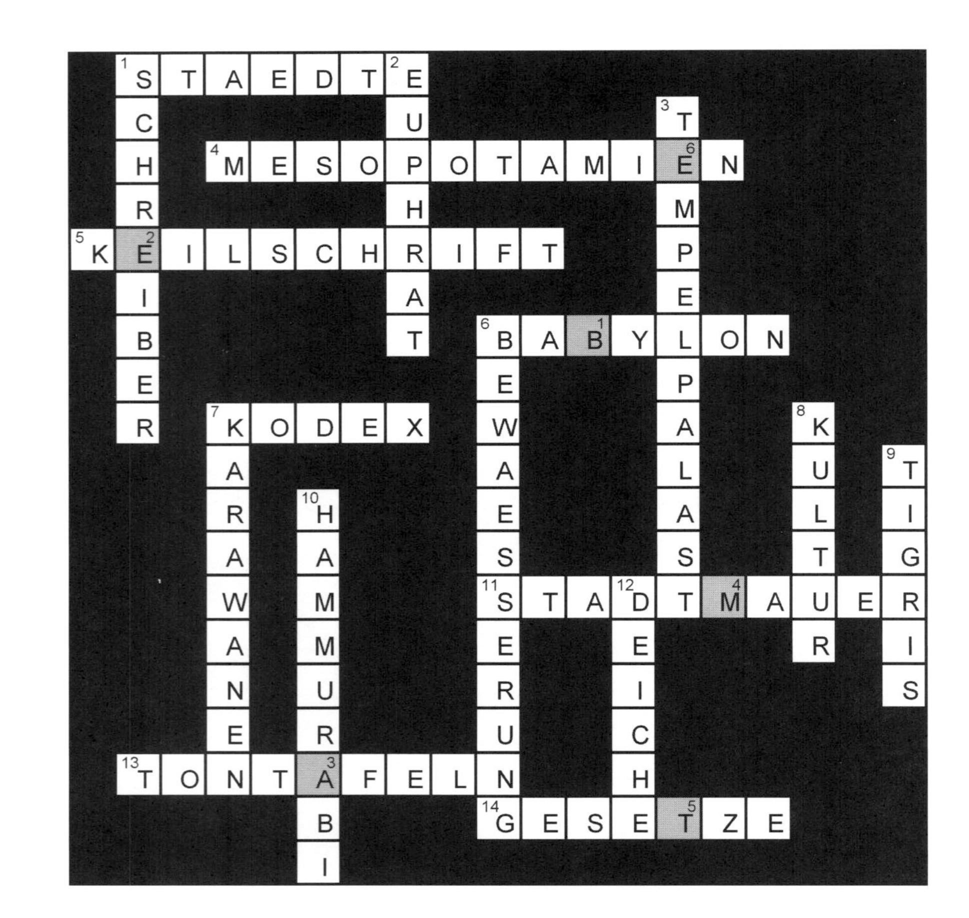

Lösungswort: BEAMTE

BA - BE - BER - BI - BY - CHE - DEI - DEX - EN - ER - EU - FELN - GE - GRIS - HAM - KA - KEIL - KO - KUL - LAST - LON - MAU - ME - MI - MU - NEN - PA - PEL - PHRAT - PO - RA - RA - RUNG - SCHREI - SCHRIFT - SE - SET - SO - STADT - STAED - TA - TA - TE - TEM - TI - TON - TUR - WA - WAES - ZE

Zu Seite 13

„Ein Geschenk des Nils“

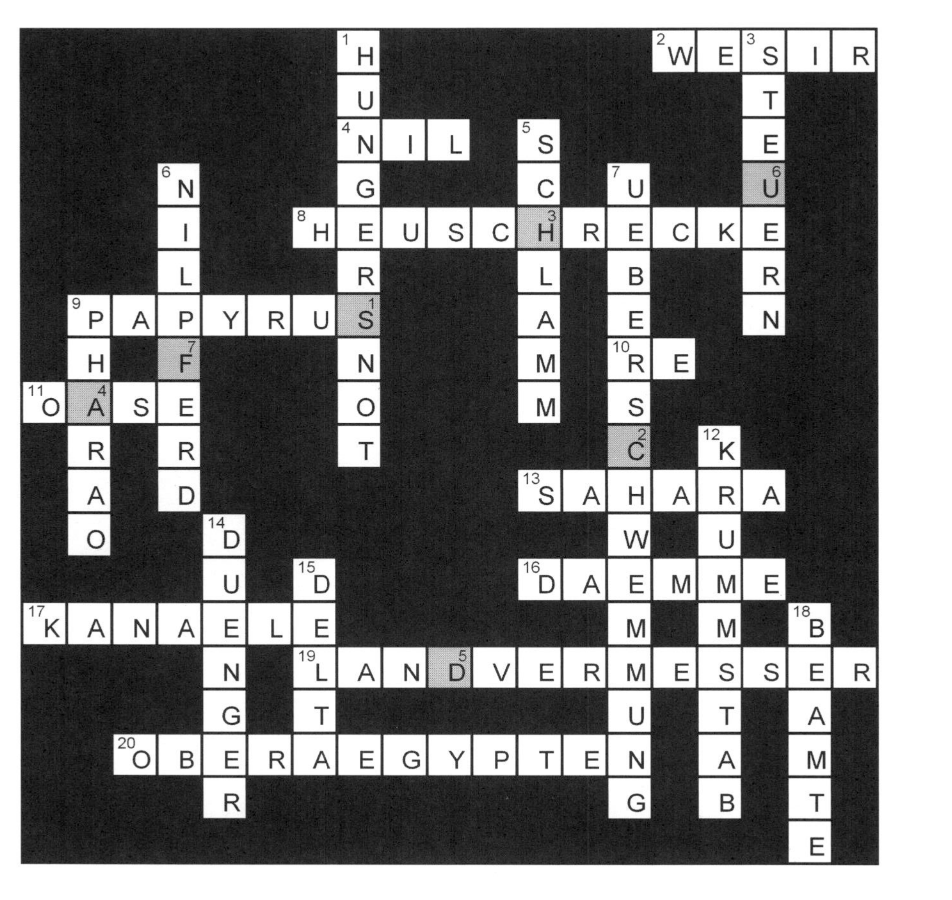

Lösungswort: SCHADUF

A - AE - AM - BE - BER - BER - CKE - DAEM - DEL - DUEN - ERN - GER - GERS - GYP - HA - HEU - HUN - KA - KRUMM - LAND - LE - ME - MES - MUNG - NAE - NIL - NIL - NOT - O - O - O - PA - PFERD - PHA - PY - RA - RA - RE - RUS - SA - SCHLAMM - SCHRE - SCHWEM - SE - SER - SIR - STAB - STEU - TA - TE - TEN - UE - VER - WE

Zu Seite 14

Ägypten, eine Hochkultur

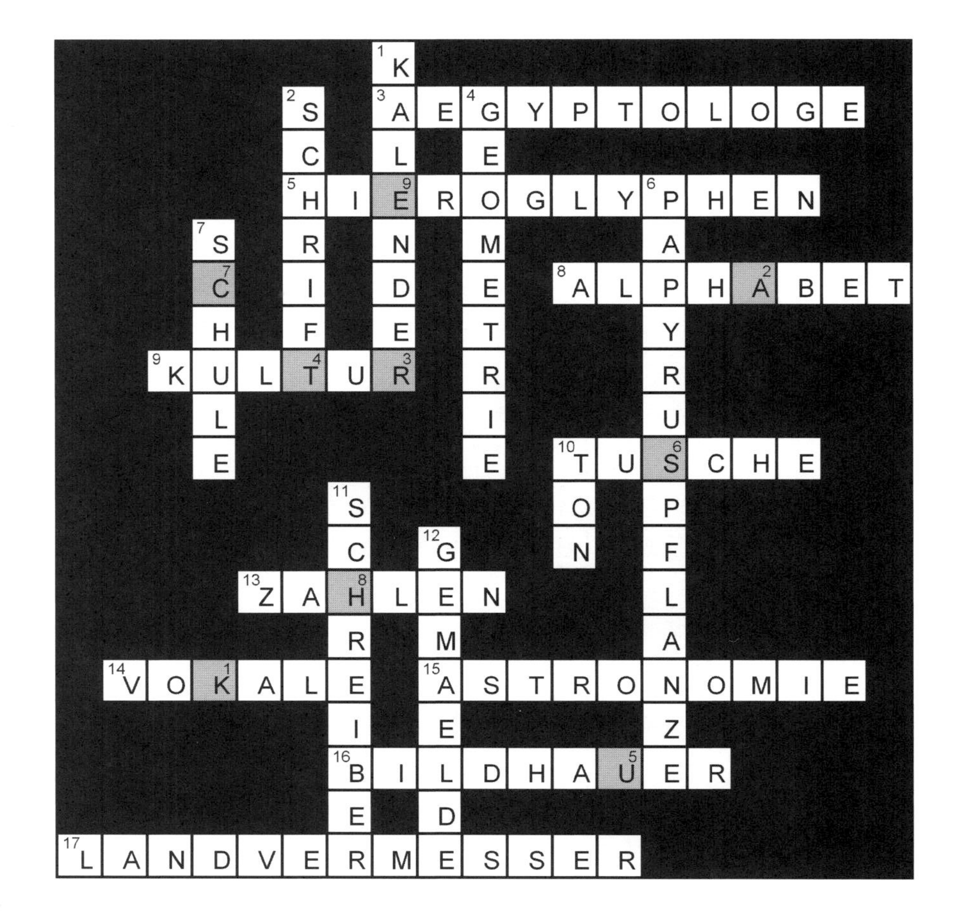

Lösungswort: KARTUSCHE

AE - AL - AS - BER - BET - BILD - DE - DER - ER - GE - GE - GE - GLY - GYP - HAU - HIE - KA - KA - KUL - LAND - LE - LE - LEN - LEN - LO - MAEL - ME - MES - MIE - NO - O - PA - PFLAN - PHA - PHEN - PY - RO - RUS - SCHE - SCHREI - SCHRIFT - SCHU - SER - TO - TON - TRIE - TRO - TU - TUR - VER - VO - ZAH - ZE

Zu Seite 15

Götter und Totenkult

Lösungswort: ANUBIS

A - BER - BER - BRA - CHE - DEN - DIES - E - FELS - GE - GE - GEIS - GI - GI - GRAB - GRAB - GRAE - KAM - KO - LET - LI - MER - MI - MI - MU - MU - O - O - ON - OPS - PA - PEL - PHA - PRIES - PY - RA - RA - RA - RAEU - RE - RICHT - RIS - SARG - SCHLAN - SEH - SEL - SI - SPHINX - TE - TEM - TEN - TER - TO

Zu Seite 16

Pharaonen gesucht

H
A A J
M Y T K V
O U W S N J T
K C R U C W H U H
D C F E C H N A T O N
N Z H T E P E U E M Q C A
R A R E W Y O P B N O Z M S Y
S A K K F B X C S U L S G Q N A V
N E M O O R F E R U W B I Y R O P Z D
U H W S A S E S O S T R I S D Y F R J X Y
U M E S J N F S E B A Z O T Q R B O P
I S P C B T U T A N C H A M U N B
P R A X M T M M Y V M C H X Z
H N E X S R E C R E V Z O
J R A D W N Y K S O U
J C H E O P S N T
Z F W P P J A
M S H N X
Q I S
S

Auf dem Bild: TUTANCHAMUN

A - A - ANCH - CHE - CHEF - ECH - HAT - ME - MO - MUN - NA - NO - OPS - PHIS - RAM - REN - RU - SCHEP - SE - SES - SIS - SNOF - SOS - SUT - TON - TRIS - TUT - TUT

Zu Seite 17

Götter gesucht

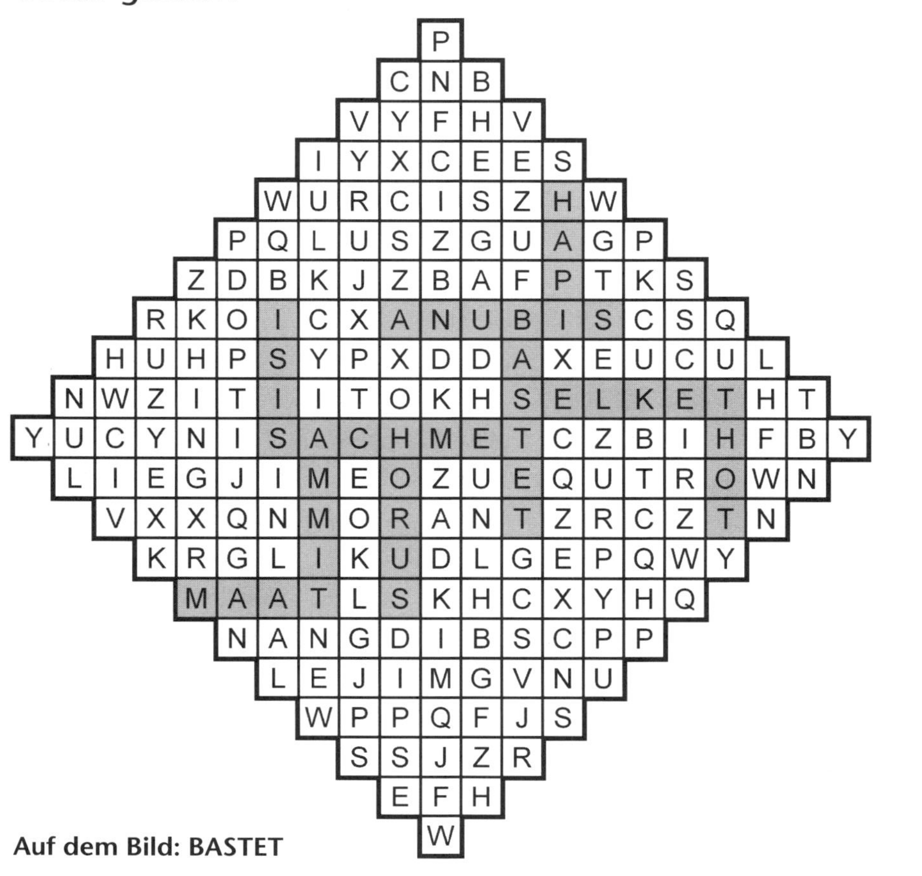

Auf dem Bild: BASTET

Ammit (Mischwesen aus Krokodil, Löwe und Nilpferd; Fresserin der verurteilten Toten), Anubis (schwarzer Hund/Schakal oder Mensch mit Schakalkopf; überwacht die Einbalsamierung und ist beim Totengericht anwesend), Bastet (Katze oder Frau mit Katzen- oder Löwenkopf; Göttin der Fruchtbarkeit und der Liebe), Hapi (dicker Mann mit Brüsten und einer Papyrus- oder Lotuspflanze auf dem Kopf; der als Gott angesehene Nil), Horus (Falke oder Mann mit Falkenkopf; Himmels- und Lichtgott, offenbart sich in der Person des Pharaos), Isis (Frau mit Thron oder Kuhgehörn und Sonnenscheibe; Mutter- und Schutzgöttin), Maat (Frau mit Feder auf dem Kopf; steht für die Gerechtigkeit und Wahrheit), Sachmet (Frau mit Löwenkopf, Sonnenscheibe und Kobra; Göttin des Krieges und der Krankheit, aber auch der Heilung), Selket (Frau mit Skorpion auf dem Kopf; Schutzgöttin der Heilkundigen, ist bei der Einbalsamierung zugegen), Thot (Ibis oder Mann mit Ibiskopf, manchmal auch mit Mondsichel und -scheibe; Gott der Gelehrten, Schreiber und der Zeitrechnung)

A - AM - BAS - BIS - HA - HO - I - KET - MAAT - MET - MIT - NU - PI - RUS - SACH - SEL - SIS - TET - THOT

Zu Seite 18

Vom Alltag im alten Ägypten

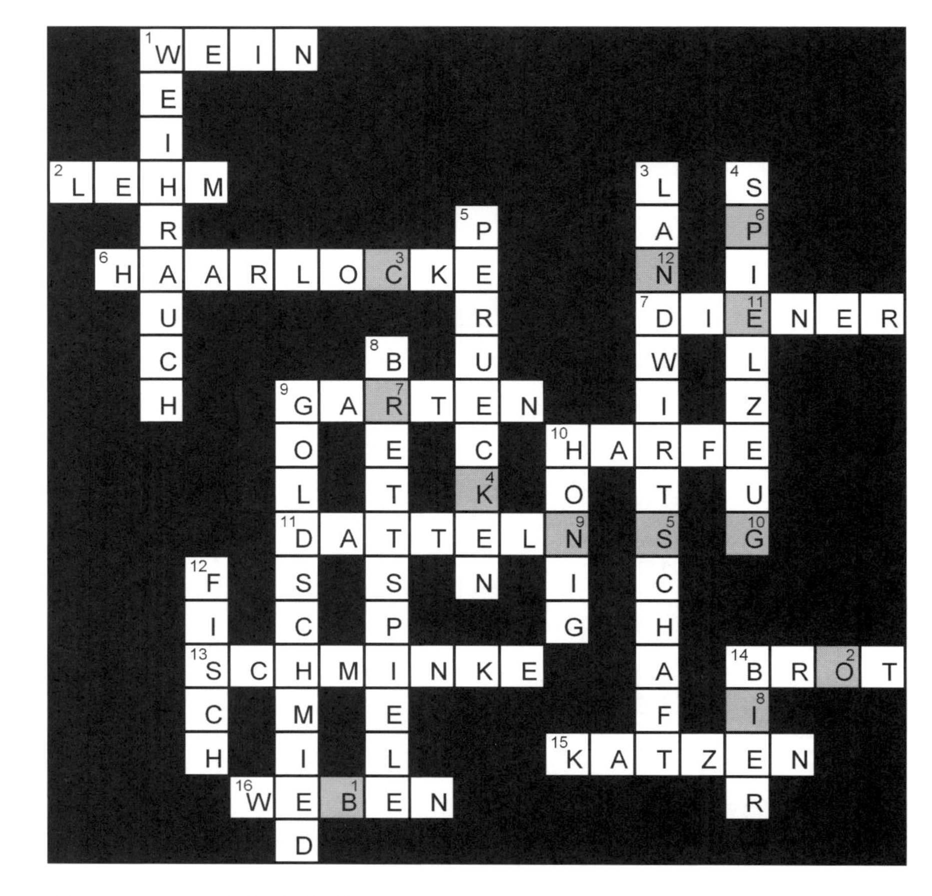

Lösungswort: BOCKSPRINGEN

BEN - BIER - BRETT - BROT - CKE - CKEN - DAT - DIE - FE - FISCH - GAR - GOLD - HAAR - HAR - HO - KAT - KE - LAND - LE - LEHM - LO - NER - NIG - PE - RAUCH - RUE - SCHAFT - SCHMIED - SCHMIN - SPIE - SPIEL - TELN - TEN - WE - WEIH - WEIN - WIRT - ZEN - ZEUG

Zu Seite 19

Ägypten, damals und heute

Lösungswort: OBELISK

A - AN - AR - AS - BEN - BER - BISCH - BY - CAR - CHAE - DAMM - DAT - DEN - DIL - DOP - EN - EZ - FEN - GEL - GEN - GEN - I - IS - KA - KAI - KEHRS - KO - KRO - KRO - LAM - LI - LO - ME - MEER - MI - MIT - MU - MUN - NA - NAL - NE - NIL - O - PAL - PEL - PY - RA - RA - RO - SCHWEM - SE - SI - STAU - STU - SU - SU - TEL - TEL - TEN - TER - THE - UE - UM - VER - WEG - WUES - ZIE

Zu Seite 20

Wörter aus dem Altgriechischen (1)

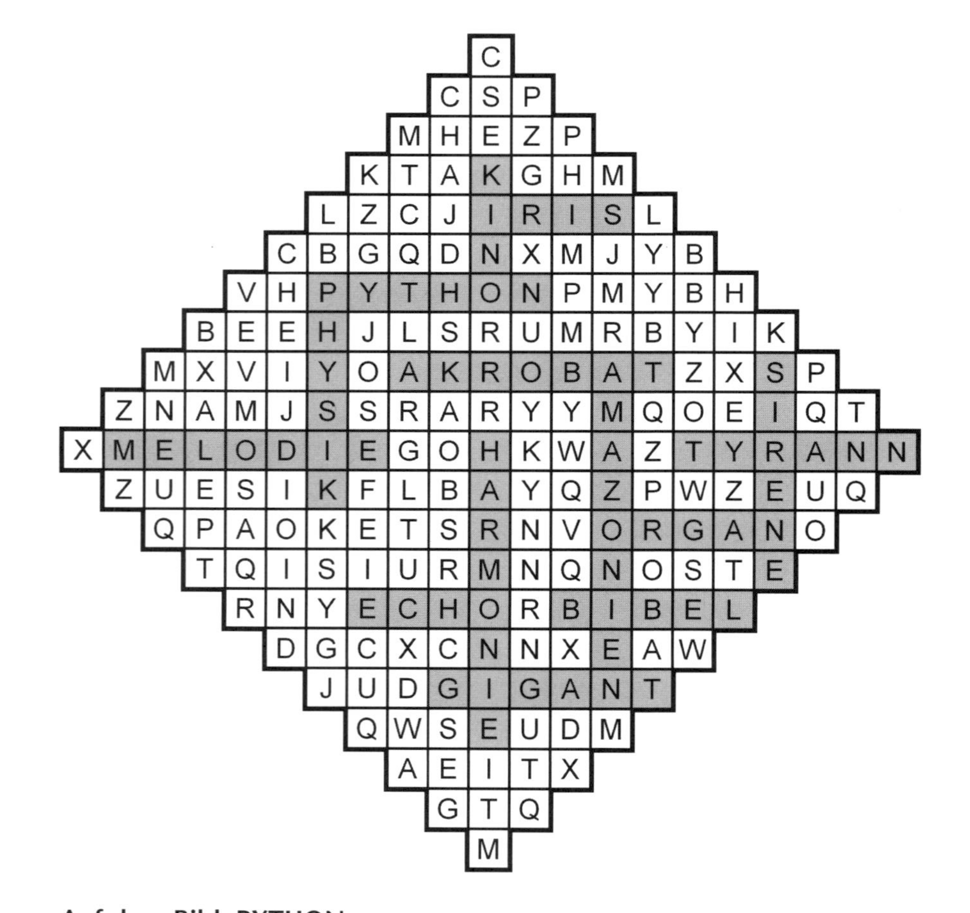

Auf dem Bild: PYTHON

A - AK - BAT - BEL - BI - DIE - ECHO - EN - GAN - GANT - GI - HAR - I - KI - LO - MA - ME - MO - NE - NI - NIE - NO - OR - PHY - PY - RANN - RE - RIS - RO - SI - SIK - THON - TY - ZO

Zu Seite 21

Wörter aus dem Altgriechischen (2)

Auf dem Bild: EUROPA (2-Euro-Münze aus Griechenland)

AN - BI - BLI - BY - E - EU - GRAM - KLI - KO - KO - LA - LEK - LI - LOSS - MA - MA - ME - MET - NEN - O - O - PA - PLAS - PO - RINTH - RO - TAN - TER - THEK - TI - TIK - TIK - TIK - TRO - ZE - ZOO

Zu Seite 22

Städte und Landschaften im antiken Griechenland

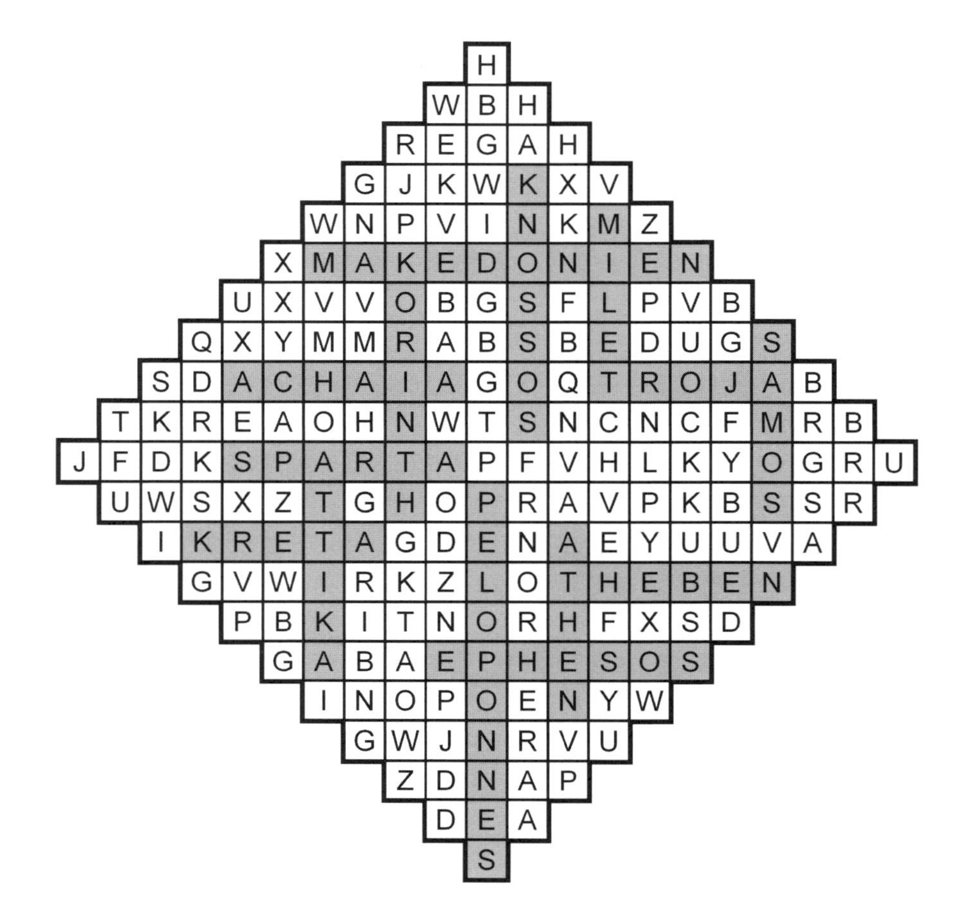

Auf dem Bild: KNOSSOS

A - A - A - AT - BEN - CHAI - DO - E - EN - JA - KA - KE - KNOS - KO - KRE - LO - LET - MA - MI - MOS - NES - NI - PE - PHE - PON - RINTH - SA - SOS - SOS - SPAR - TA - TA - THE - THEN - TI - TRO

Zu Seite 23

Wichtige Personen aus dem antiken Griechenland

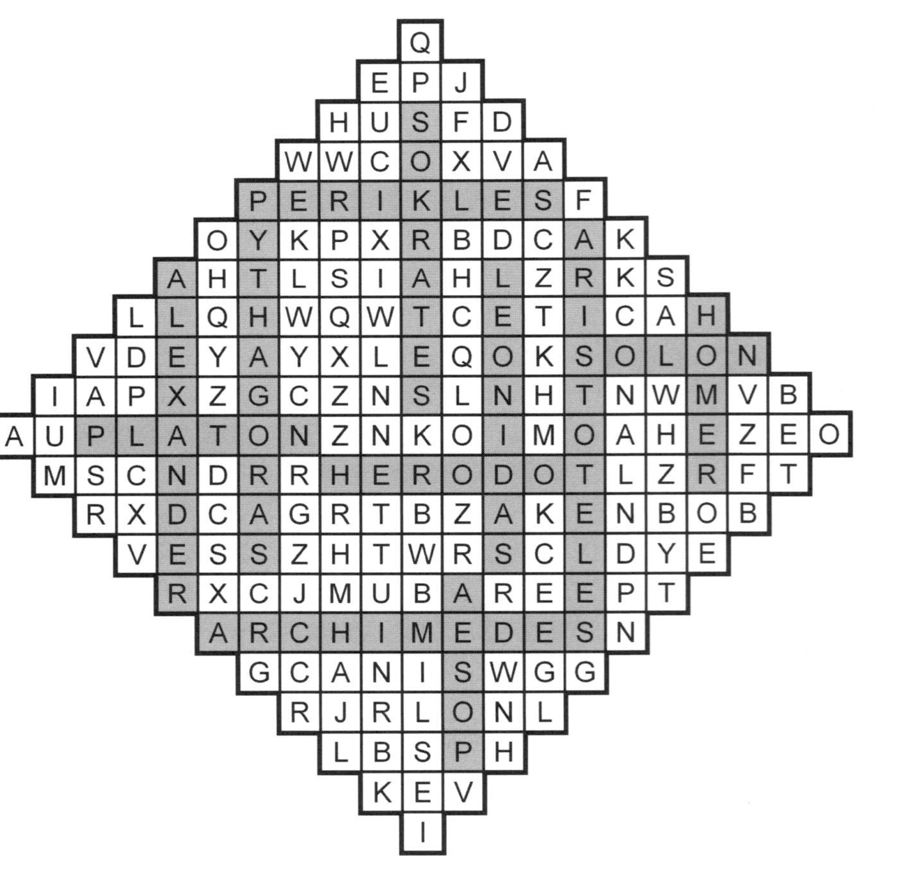

Auf dem Bild: PERIKLES

A - A - AE - AN - AR - CHI - DAS - DER - DES - DOT - GO - HE - HO - KLES - KRA - LE - LES - LEX - LON - ME - MER - NI - O - PE - PLA - PY - RAS - RI - RIS - RO - SO - SO - SOP - TE - TES - THA - TO - TON

Zu Seite 24

Die griechische Götterwelt

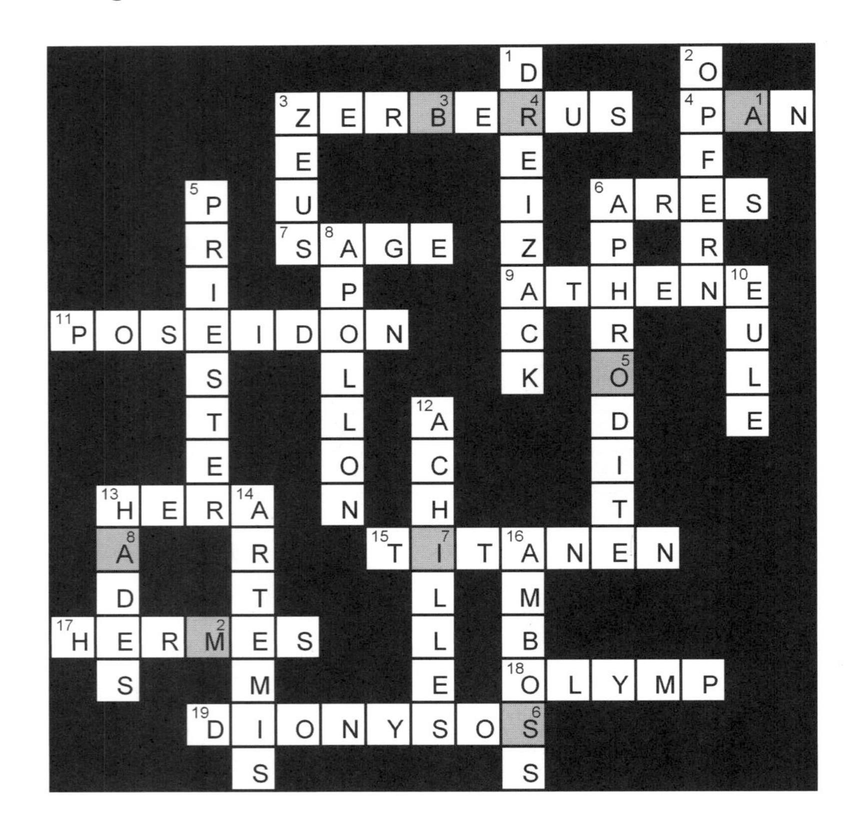

Lösungswort: AMBROSIA

A - A - A - A - A - AM - AR - BE - BOSS - CHIL - DES - DI - DI - DON - DREI - EU - FERN - GE - HA - HE - HER - LE - LES - LON - LYMP - MES - MIS - NE - NEN - NY - O - O - OP - PAN - PHRO - PO - POL - PRIES - RA - RES - RUS - SA - SEI - SOS - TA - TE - TE - TER - THE - TI - ZACK - ZER - ZEUS

Zu Seite 25

Olympische Spiele

Lösungswort: MARATHONLAUF

A - A - ATH - DE - DEN - DI - E - EID - FAUST - FEN - FI - FRIE - FRUEH - GEN - GER - GUER - GYM - GYM - KAMPF - KAMPF - KRANZ - LAUF - LET - LI - LYM - NA - NAS - NEN - NI - NING - O - ON - ON - PI - PRO - REN - RICH - SI - SIE - SPEER - STA - START - TEL - TER - THEN - TIK - TRAI - WA - WAF - ZEUS

Zu Seite 26

Polis und Politik

Lösungswort: PARLAMENT

A - A - A - AE - BEN - CHIE - DE - DI - EN - EN - FAS - FOR - FRAU - GE - HEL - KLES - KO - KO - KRA - KRA - KRO - LE - LIS - LIS - LO - LON - LUNG - MEN - MO - MO - NAR - NEN - NI - PE - PO - PO - RANN - RE - RI - RICHT - RINTH - RIS - SAMM - SCHER - SKLA - SO - SPAR - SUNG - TA - TEN - THEN - TIE - TIE - TO - TY - VEN - VER - VER - VOLKS

Zu Seite 27

Griechenland im Krieg mit den Persern

Lösungswort: PARTHENON

A - AE - BO - BUT - DA - DAS - E - EN - FLOT - GAE - GEN - GIE - HEL - HOP - IS - KEI - LA - LE - LES - LET - LIT - MA - MI - MIS - NI - O - OS - PER - PI - PONT - RA - RAE - RE - REI - REI - REI - SA - SI - SPAR - STRA - TA - TE - TE - TE - THEN - THON - TRI - TRI - TUER - US - XER - XES

Zu Seite 28

Vom Leben und Arbeiten im antiken Griechenland

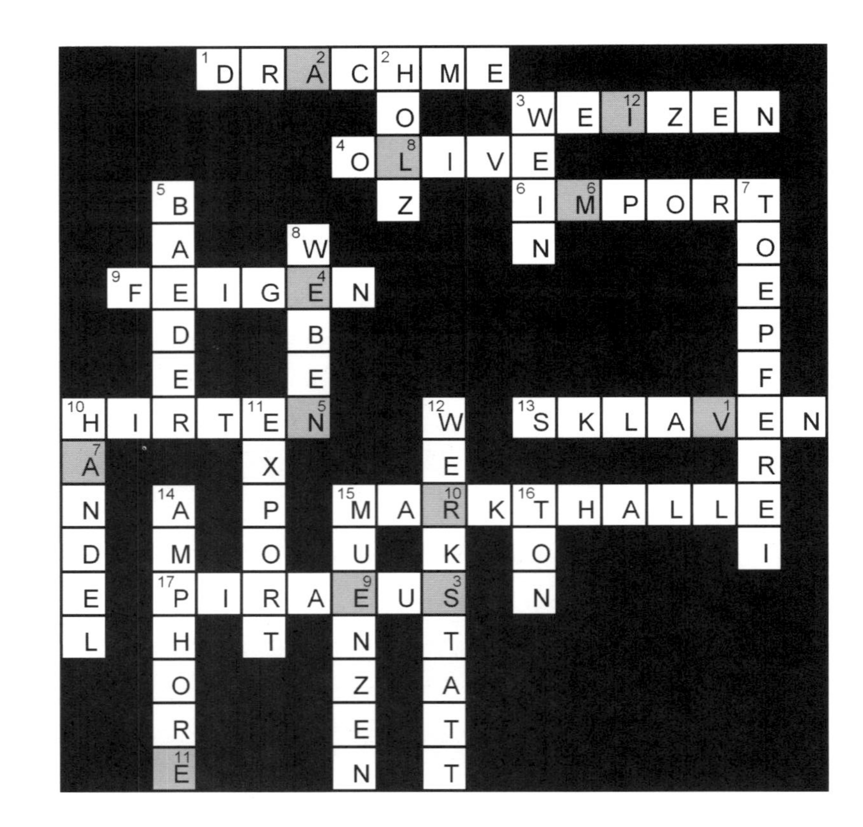

Lösungswort: VASENMALEREI

AM - BAE - BEN - DEL - DER - DRACH - EX - FE - FEI - GEN - HAL - HAN - HIR - HOLZ - IM - LE - LI - MARKT - ME - MUEN - O - PHO - PI - PORT - PORT - RAE - RE - REI - SKLA - STATT - TEN - TOEP - TON - US - VE - VEN - WE - WEI - WEIN - WERK - ZEN - ZEN

Wissenschaft und Kunst

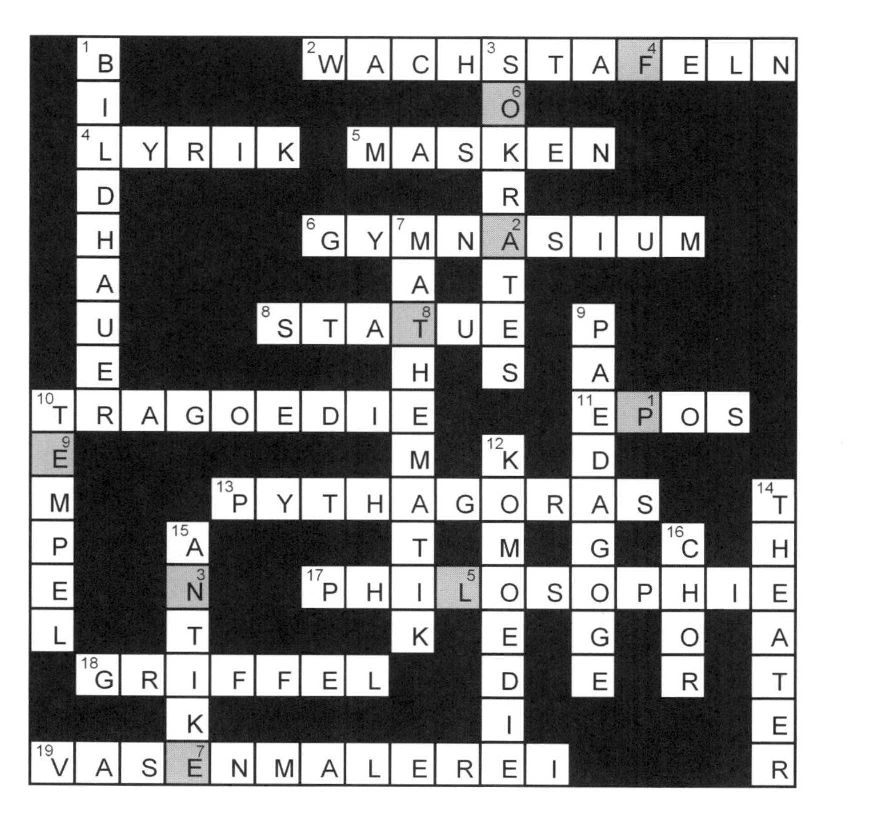

Lösungswort: PANFLOETE

A - AN - BILD - CHOR - DA - DI - DI - E - E - E - E - ER - FEL - FELN - GE - GO - GO - GOE - GRIF - GYM - HAU - KE - KEN - KO - KRA - LE - LO - LY - MA - MA - MA - MAS - MOE - NA - PAE - PEL - PHI - PHIE - POS - PY - RAS - REI - RIK - SEN - SI - SO - SO - STA - TA - TEM - TER - TES - THA - THE - THE - TI - TIK - TRA - TU - UM - VA - WACHS

Krieg unter den Griechen

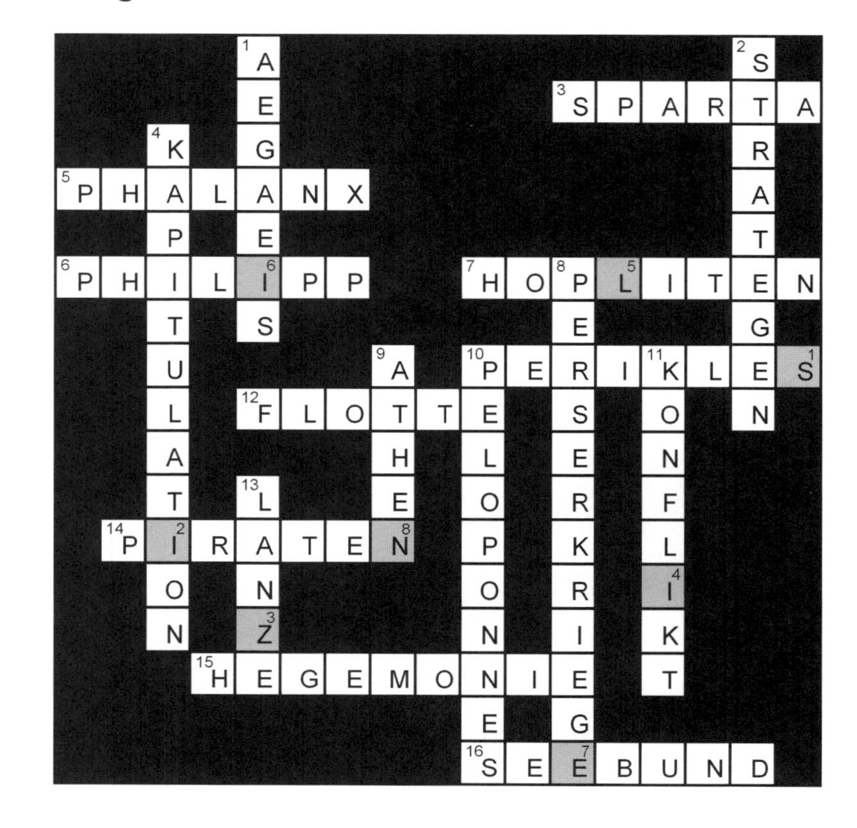

Lösungswort: SIZILIEN

A - AE - BUND - FLIKT - FLOT - GAE - GE - GE - GEN - HE - HOP - IS - KA - KLES - KON - KRIE - LA - LAN - LANX - LI - LIPP - LO - MO - NES - NIE - ON - PE - PE - PER - PHA - PHI - PI - PI - PON - RA - RI - SEE - SER - SPAR - STRA - TA - TE - TE - TEN - TEN - THEN - TI - TU - ZE

Zu Seite 31

Alexander der Große und der Hellenismus

			1 A													2 R		
3 D	A	R	2 E	I	O	S				4 L				5 M		O		
			G				6 S	T	R	E	I	T	W	A	G	E	N	
7 B	A	B	Y	L	O	N				U				6 K		M		
			P					8 A	R	C	H	I	M	E	D	E	S	
			T					L		H				D		4 R		
		9 P	E	R	G	A	M	5 E	N	T				O				
			N					X		T				N				
	10 H							A		U				11 I	N	12 D	U	S
	E					13 M	O	N	A	R	C	1 H	I	E		I		
	L							D		M				N		A		
14 A	L	E	X	7 A	N	D	E	R								D		
	E							I						15 P		O		
	N							A						H		C		
	I													I		H		
	S				16 S	C	H	R	I	F	T	R	O	L	L	E	N	
	M													I		N		
	3 U													P				
	S													P				

Lösungswort: HEUREKA

A - A - A - A - AE - AN - AN - AR - BA - BY - CHEN - CHI - CHIE - DA - DER - DES - DI - DO - DO - DRI - DUS - EN - GA - GEN - GYP - HEL - IN - KE - LE - LEN - LEUCHT - LEX - LEX - LIPP - LON - MA - ME - MENT - MER - MO - MUS - NAR - NI - NIS - OS - PER -

Zu Seite 32

Latein-Deutsch für Anfänger

1 P									2 I					
R									3 N	A	3 T	U	R	
5 O				4 Z	I	R	5 K	U	S					
6 V	E	R	B				A		E					
I					7 T	U	M	U	4 L	8 T				
9 N	A	10 M	E				E			E				
Z		A		11 F		12 F	L	A	M	M	E		13 S	
		U		E						P			C	
	14 W	E	2 I	N						E			H	
		R		S			15 P	U	B	L	I	K	U	1 M
				T			F						L	
				E			O			16 F	A	B	E	L
	17 K	O	E	R	P	E	R							
							18 T	U	6 B	A				
	19 F	A	M	I	L	I	E							

Lösung: MIT LOB

BA - BEL - BLI - E - ER - FA - FA - FENS - FLAM - IN - KA - KOER - KUM - KUS - LE - LI - MAU - ME - ME - MEL - MI - MULT - NA - NA - PEL - PER - PFOR - PRO - PU - SCHU - SEL - TE - TEM - TER - TU - TU - TUR - VERB - VINZ - WEIN - ZIR

Zu Seite 53

Latein-Deutsch für Fortgeschrittene

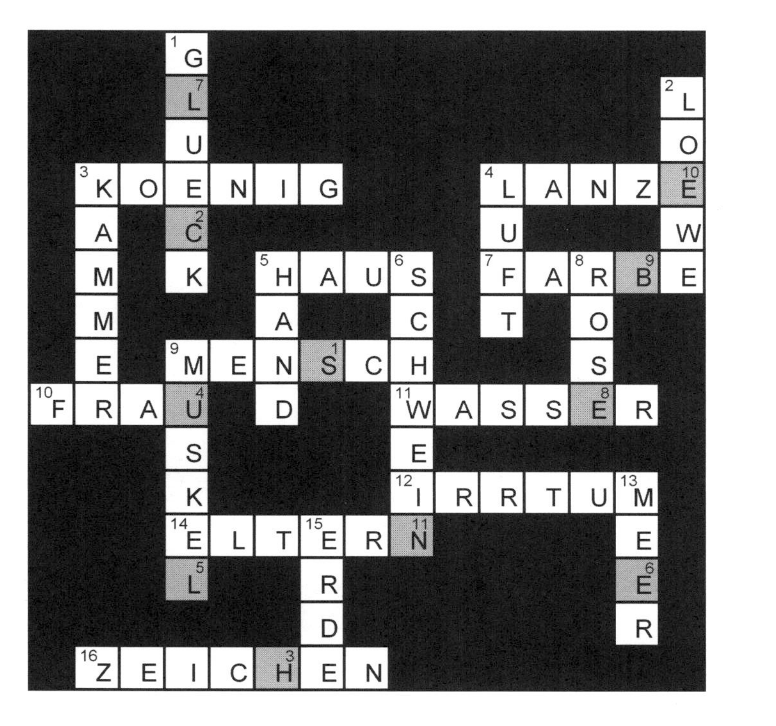

Lösung:
NICHT FÜR DIE SCHULE, SONDERN FÜR DAS LEBEN LERNEN WIR.

BE - CHEN - DE - EL - ER - FAR - FRAU - GLUECK - HAND - HAUS - IRR - KAM - KEL - KOE - LAN - LOE - LUFT - MEER - MENSCH - MER - MUS - NIG - RO - SCHWEIN - SE - SER - TERN - TUM - WAS - WE - ZE - ZEI

Zu Seite 54

Die Gründung Roms

Lösung: KAPITOL

A - BE - BER - BLIK - E - EN - ER - ER - FIN - FO - GE - I - JER - JU - KE - KER - KLO - LA - LA - LA - LI - LUS - MAU - MU - MUS - PA - PA - PEL - PI - PLE - PU - RE - RE - RO - ROM - RUM - SA - STADT - SUMPF - TA - TEIN - TEM - TER - TI - TI - TIN - TRI - TRUS - UM - WOEL - ZI

Zu Seite 35

Die Römische Republik

Lösung: EINTRACHT

A - BE - BLIK - BU - DEN - DIENST - DIK - EN - ER - FA - FAS - FEL - FO - FRAU - GE - GIS - JER - KON - KRIEGS - LI - LUNG - MA - MI - NAT - NEN - PA - PA - PLE - PU - RE - RUM - SAMM - SCHUL - SE - SET - SKLA - SPQR - SULN - SUNG - TA - TA - TE - TO - TOR - TRA - TRI - TRI - TRON - VE - VEN - VER - VER - VOLKS - VOLKS - ZE - ZI - ZWOELF

Zu Seite 36

Die Punischen Kriege

Lösung: HANNIBAL

A - AF - AL - BER - CAN - DEL - E - EN - EN - EN - EN - ER - FAN - FLIKT - GI - GO - HAN - I - KA - KA - KAR - KON - LE - LE - LE - LI - LI - MEER - MIT - NAE - NAER - NE - NI - NI - O - O - OS - PEN - PI - PRO - PU - RI - RIE - ROM - SCI - SEE - SI - SI - SPA - TA - TEL - TEN - THA - TI - TI - TU - VAL - VINZ - ZI

Zu Seite 37

Aus dem römischen Alltag

Lösung: INSULAE

A - A - A - A - A - BRAEN - BREI - BROT - DA - DE - DEN - DI - DUKT - EN - FLA - GA - GE - GLA - HO - IK - KA - KUS - LEI - LEN - LETT - LI - MEN - MO - MU - NI - NIG - O - QUAE - REN - SA - SAENF - SAN - SES - TE - TER - TERZ - THE - THER - TO - TO - TRI - TU - UM - VEN - WEIN - ZIE - ZIR

Zu Seite 38

Gaius Iulius Caesar

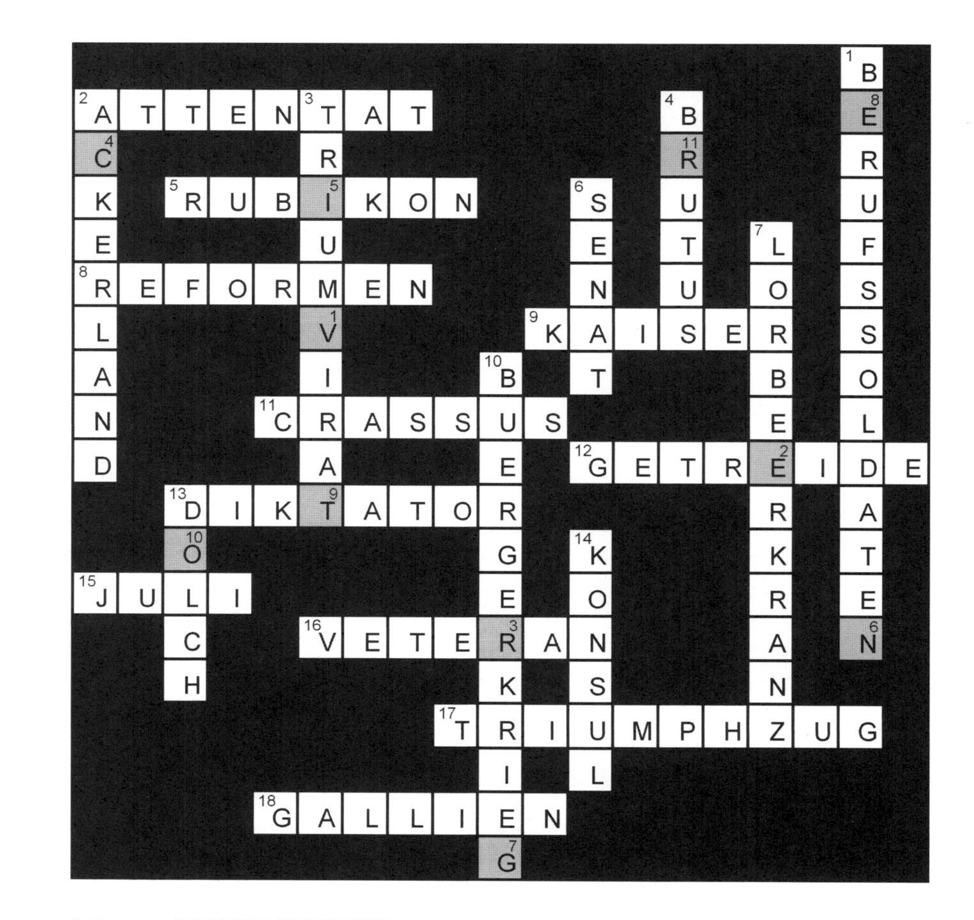

Lösung: VERCINGETORIX

A - AT - BE - BEER - BI - BRU - BUER - CKER - CRAS - DA - DE - DIK - DOLCH - EN - FOR - GAL - GE - GER - JU - KAI - KON - KON - KRANZ - KRIEG - LAND - LI - LI - LOR - MEN - NAT - RAN - RAT - RE - RU - RUFS - SE - SER - SOL - SUL - SUS - TA - TAT - TE - TEN - TEN - TOR - TREI - TRI - TRI - TUS - UM - UMPH - VE - VI - ZUG

Zu Seite 39

Augustus und das Kaiserreich

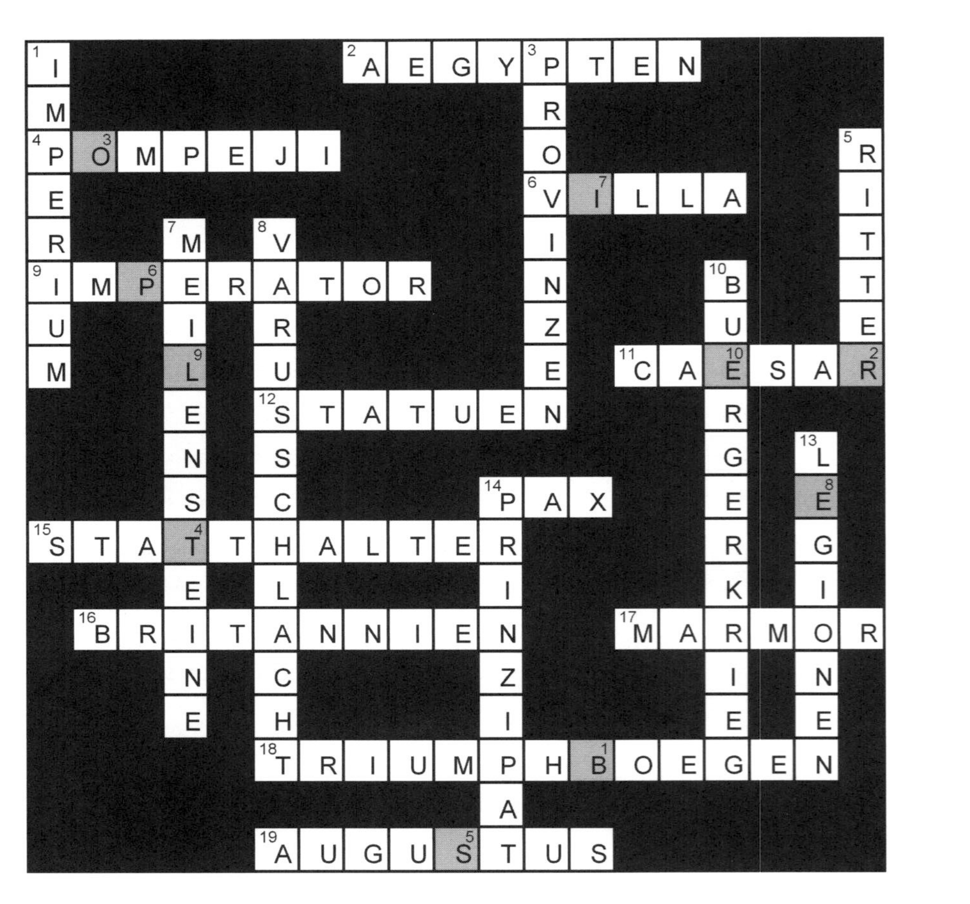

Lösung: BROT UND SPIELE

AE - AU - BOE - BRI - BUER - CAE - EN - EN - GEN - GER - GI - GUS - GYP - HAL - IM - IM - JI - KRIEG - LA - LE - LEN - MAR - MEI - MOR - NE - NEN - NI - O - PAT - PAX - PE - PE - PE - POM - PRIN - PRO - RA - RI - RIT - RUS - SAR - SCHLACHT - STA - STATT - STEI - TAN - TEN - TER - TER - TOR - TRI - TU - TUS - UM - UMPH - VA - VIL - VIN - ZEN - ZI

Zu Seite 40

Ave Caesar!

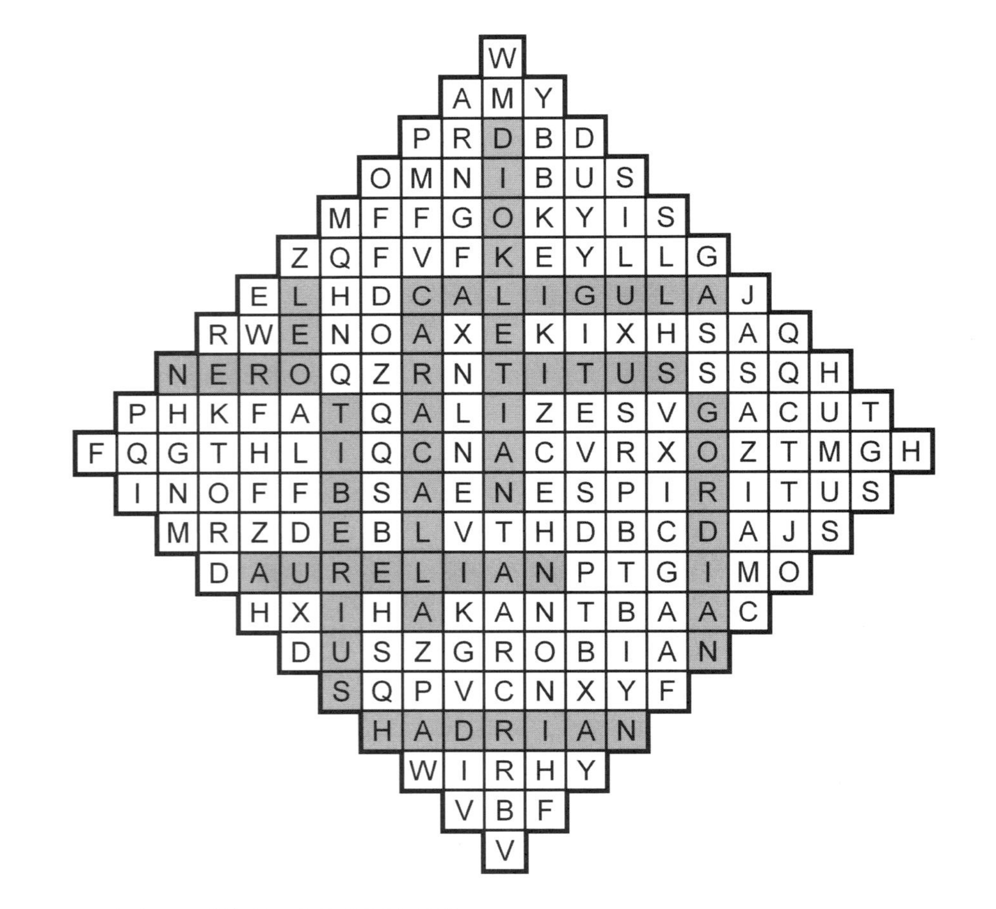

Auf dem Bild: KAISER TIBERIUS

AN - AN - AN - AN - AU - BE - CA - CA - CAL - DI - DI - DRI - GOR - GU - HA - KLE - LA - LA - LE - LI - LI - NE - O - O - RA - RE - RI - RO - TI - TI - TI - TUS - US

Zu Seite 41

Caesaren gesucht

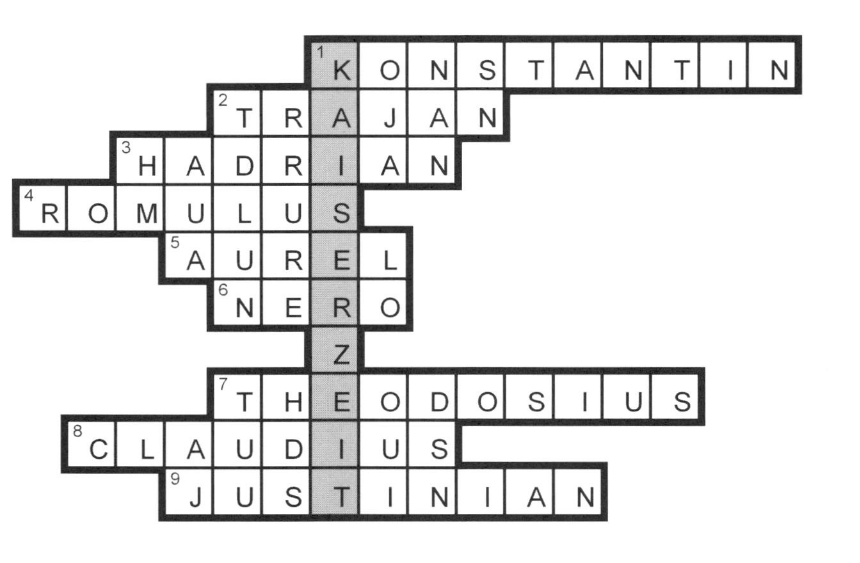

KONSTANTIN I., 306–337
TRAJAN, 98–117
HADRIAN, 117–138
THEODOSIUS I., 379–395
MARK AUREL, 161–180

ROMULUS, 475–476
NERO, 54–68
CLAUDIUS, 41–54
JUSTINIAN I., 527–565

Die Regierungszeiten können als weitere Hilfe angeboten werden oder sind ebenfalls zu suchen.

Lösung: KAISERZEIT

AN - AN - AU - CLAU - DI - DO - DRI - HA - JAN - JUS - KONS - LUS - MU - NE - NI - O - REL - RO - RO - SI - TAN - THE - TI - TIN - TRA - US - US

Zu Seite 42

Aus den Provinzen

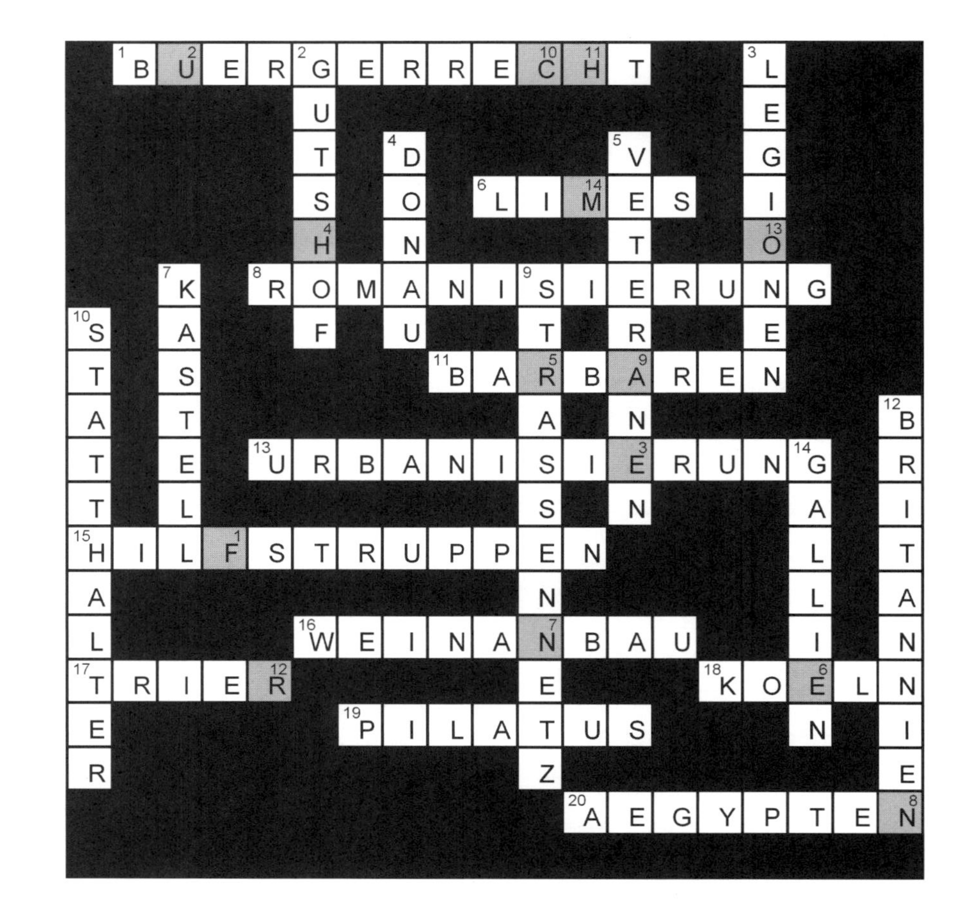

Lösung: ALLE WEGE FUEHREN NACH ROM

AE - AN - BA - BA - BAR - BAU - BRI - BUER - DO - EN - EN - GAL - GER - GI - GUTS - GYP - HAL - HILFS - HOF - KAS - KOELN - LA - LE - LI - LI - MA - MES - NAU - NEN - NEN - NETZ - NI - NI - NI - O - PEN - PI - RA - RECHT - REN - RO - RUNG - RUNG - SEN - SIE - SIE - STATT - STRAS - TAN - TE - TELL - TEN - TER - TRIER - TRUP - TUS - UR - VE - WEIN

Zu Seite 43

Die Römer in Germanien

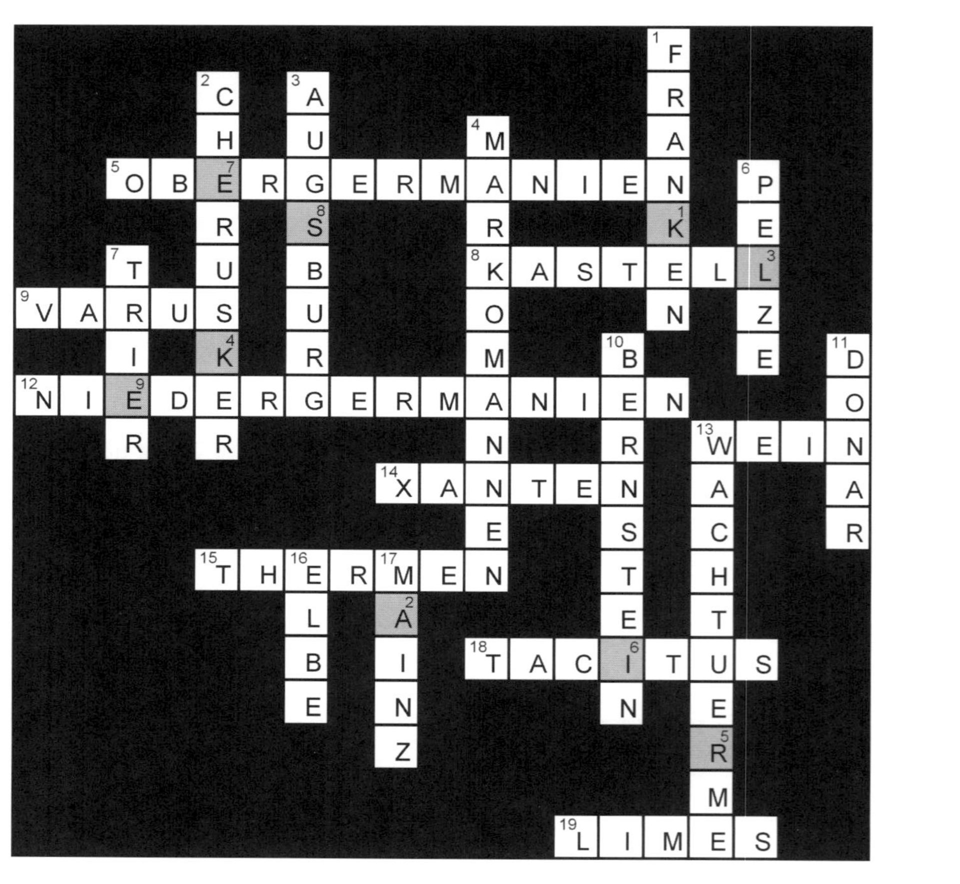

Lösung: KALKRIESE

AUGS - BE - BER - BERN - BURG - CHE - CI - DER - DO - EL - EN - EN - FRAN - GER - GER - KAS - KEN - KER - KO - LI - MA - MA - MAINZ - MAN - MAR - ME - MEN - MES - NAR - NEN - NI - NI - NIE - O - PEL - RUS - RUS - STEIN - TA - TELL - TEN - THER - TRIER - TUER - TUS - VA - WACH - WEIN - XAN - ZE

Zu Seite 44

Das Ende des Römischen Reiches

Lösung: SPAETANTIKE
Auf dem Bild: KAISER JUSTINIAN I.

AL - AN - AN - CHRIS - DA - DE - DI - DO - ERN - FRAN - HUN - JUS - KAI - KEN - KER - KLE - KONS - LA - MIT - NA - NEN - NI - O - O - O - PAPST - PEL - PER - PEST - RA - RUNG - SER - SER - SI - SOL - STEU - TAN - TEIN - TEL - TEN - TEN - TER - THE - TI - TI - TIN - TRIER - TUM - US - VEN - VOEL - WAN